企业商业秘密法律保护

刘智鹏 著

中国商业出版社

图书在版编目（CIP）数据

企业商业秘密法律保护 / 刘智鹏著 . -- 北京：中国商业出版社, 2023.12
　ISBN 978-7-5208-2772-0

Ⅰ . ①企… Ⅱ . ①刘… Ⅲ . ①商业秘密 - 保密法 - 研究 - 中国 Ⅳ . ① D923.404

中国国家版本馆 CIP 数据核字 (2023) 第 230750 号

责任编辑：陈　皓
策划编辑：常　松

中国商业出版社出版发行
（www.zgsycb.com　100053　北京广安门内报国寺 1 号）
总编室：010-63180647　编辑室：010-83114579
发行部：010-83120835/8286
新华书店经销
三河市吉祥印务有限公司印刷
*
710 毫米 ×1000 毫米　16 开　12.5 印张　200 千字
2023 年 12 月第 1 版　2023 年 12 月第 1 次印刷
定价：50.00 元
* * * *
（如有印装质量问题可更换）

前言

商业秘密是企业最重要的资产之一，因为它包含了企业的核心技术、商业计划和商业策略等敏感信息，一旦泄露就可能导致企业的经济利益和发展受到严重影响。随着全球经济一体化的发展，企业间的竞争日趋激烈，商业秘密泄露的风险也越来越高。因此，加强商业秘密保护，维护自身的合法权益，成为当前企业面临的一项重要课题。

本书旨在深入研究商业秘密保护的法律制度和管理措施，为企业提供有效的商业秘密保护方案。本书分为七章，分别从研究背景与目的，商业秘密的概念、特征，企业商业秘密泄露的危害与原因，企业商业秘密保护的法律制度，企业商业秘密保护的管理措施，企业商业秘密保护的诉讼途径，企业商业秘密保护的案例分析等多个角度对商业秘密保护进行探究。

本书立足于中国企业商业秘密保护实践，致力于为企业提供具有可操作性的指导和建议。希望能为广大读者提供有益的参考，推动中国企业商业秘密保护工作的不断深入和完善。只有加强商业秘密保护，企业才能在激烈的市场竞争中获得更多的优势和发展机遇。因此，笔者认为，商业秘密保护不仅仅是企业的法律义务，更是企业战略上的重要举措。只有通过不断完善商业秘密保护制度、提高员工的保密意识和技能、落实保密责任、加强技术防范和物理安全等多种手段，企业才能更好地保护商业秘密，实现长远发展。

在未来的发展中，笔者相信商业秘密保护领域将会迎来更多的挑战和机遇。我国政府正在积极推进知识产权保护和法治建设，也在加强制定和完善保护商业秘密的相关法规和政策。这些举措将为商业秘密保护提供有力的法律保障和制度保障，也将为企业提供更多的保护机会和发展空间。因此，广大企业要重视商业秘密保护工作，树立保护知识产权、维护企业利益的意识，共同为构建公平竞争的市场环境、推动经济高质量发展做出积极贡献。

商业秘密保护是企业发展的关键之一，也是企业社会责任的重要组成部分。希望本书的出版能够引起社会各界对商业秘密保护的重视，推动企业商业秘密保护工作的开展，共同为建设知识产权强国、推动经济高质量发展贡献力量。

作 者

2023 年 8 月

目 录
contents

第一章　绪　论　　1
　　第一节　研究背景与目的　　3
　　第二节　研究意义与内容　　5
　　第三节　研究方法与框架　　8

第二章　商业秘密的概念、特征与分类　　11
　　第一节　商业秘密的概念　　13
　　第二节　商业秘密的特征　　16
　　第三节　商业秘密的分类　　24

第三章　企业商业秘密泄露的危害、原因与途径　　31
　　第一节　企业商业秘密泄露的危害　　33
　　第二节　企业商业秘密泄露的原因　　46
　　第三节　企业商业秘密泄露的途径　　52

第四章　企业商业秘密保护的法律制度　　61
　　第一节　企业商业秘密保护的法律基础　　63
　　第二节　企业商业秘密保护的法律措施　　72
　　第三节　企业商业秘密保护的法律责任　　85

第五章　企业商业秘密保护的管理措施　　95

　　第一节　企业商业秘密保护的意识培养　　97
　　第二节　企业商业秘密保护的组织管理　　107
　　第三节　企业商业秘密保护的技术手段　　121
　　第四节　企业商业秘密保护的法律手段　　130

第六章　企业商业秘密保护的诉讼途径　　137

　　第一节　通过民事诉讼予以救济　　139
　　第二节　通过刑事诉讼予以制裁　　150
　　第三节　刑事附带民事诉讼是实践中常用的方式　　161

第七章　企业商业秘密保护的案例分析　　169

　　第一节　侵犯商业秘密纠纷案例　　171
　　第二节　侵犯商业秘密罪案例　　175
　　第三节　附带民事赔偿的侵犯商业秘密罪案例　　177
　　第四节　离职员工侵犯商业秘密的责任承担主体案例　　179

参考文献　　181

附录　相关法律法规及条款　　187

第一章 绪 论

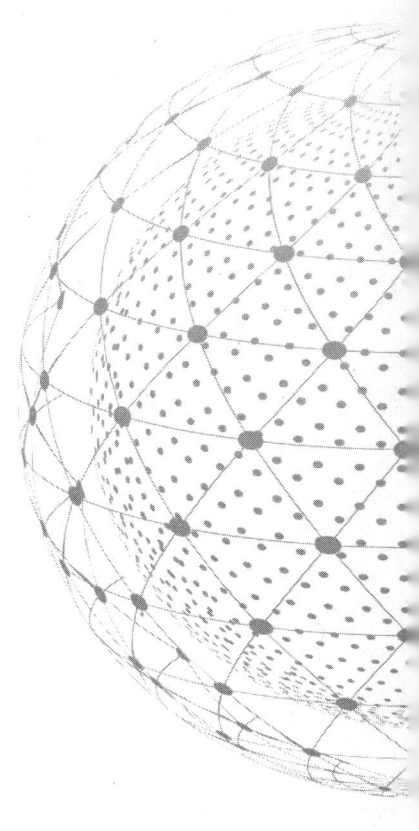

第一章 緒論

第一节 研究背景与目的

一、研究背景

在当今大数据时代，企业之间的商业竞争越来越激烈，对技术和经营信息的掌握成为决胜关键。根据信息对称理论，市场竞争者拥有的信息量越多，其获得竞争优势的可能性越大，占据的市场份额和获得的利润也越多。而商业秘密，即企业独占的技术和经营信息，成为企业竞争的关键。一些恶意竞争者经常采取不正当手段获取商业秘密，这种行为会侵犯其他企业的商业利益，破坏整个社会的竞争秩序。

在信息时代，保护商业秘密已成为企业经营管理中的重要问题。商业秘密包括企业的技术秘密、产品设计、生产流程、市场策略、客户资源、财务信息、人力资源等方面的信息，是企业的核心竞争力和经济价值所在。若商业秘密被其他企业以不正当手段获取，企业将面临巨大的经济损失和市场份额下降的风险，生存和发展也将遭到威胁。

各国政府相继出台相关法律法规，保护企业商业秘密，促进企业的科技创新和竞争力提升。商业秘密的保护不仅维护了企业的合法权益，也有助于维护公共利益和整个社会竞争秩序的稳定。

"商业秘密"一词，由"trade secret"翻译而来，是指在生产经营领域中具有秘密性的信息。《中华人民共和国反不正当竞争法》中，商业秘密定义为"不为公众所知悉、具有商业价值并经权利人采取相应保密措施的技术信息、经营信息等商业信息"。

企业商业秘密法律保护

在大数据时代，信息的海量收集和传输已经成为常态。在这种情况下，商业秘密泄露的风险倍增。其中一个原因是云计算技术的广泛应用。云服务提供商可以通过隐蔽或者欺诈的方式获取企业商业秘密，然后提供给竞争对手。此外，企业内部人员的操作失误也可能导致商业秘密泄露。这些行为都会给商业秘密的持有人带来巨大的商业风险。

云服务提供商也可以对企业的经营信息和技术信息进行分析、对比和深层次挖掘，将原本不属于商业秘密的信息进行加工，使其具有商业秘密的特征。这种情况也增加了商业秘密泄露的风险。

随着新兴信息技术和数据经济的发展，数据信息的经济价值不断增长。技术的进步加速了数据的收集和传播，促进了数据的商业化利用。然而，这种趋势引发了个人用户与数据持有者之间以及数据持有者之间的利益冲突，导致数据纠纷不断增加。同时，现有的大数据交易平台制定的规则也存在许多漏洞。

因此，当前探索商业秘密的法律保护路径成为亟待解决的问题。这需要制定更加完善的数据保护和隐私保护法规，以确保商业秘密得到充分保护。同时，大数据交易平台应该建立更加健全的交易规则，确保数据交易的公平、公正、透明和合法。这些措施可以有效地避免经营者遭受损失，同时实现企业数据资产价值的最大化。

二、研究目的

本研究旨在探讨企业商业秘密法律保护的相关问题，明确企业商业秘密保护的法律责任和法律制度，提高企业对商业秘密保护的重视程度，加强企业商业秘密保护的管理措施，降低企业商业秘密泄露的风险。

第一，本研究有助于企业理解现有的保护商业秘密的法律框架以及这些法律是如何保护商业秘密的。

第二，本研究有助于企业增强保护商业秘密的意识，并帮助企业利用法律手段保护自己的权益，维护市场公平，推动经济发展。

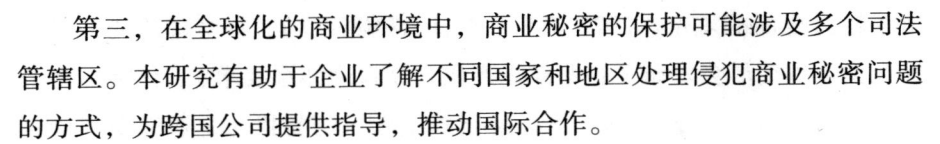

第三，在全球化的商业环境中，商业秘密的保护可能涉及多个司法管辖区。本研究有助于企业了解不同国家和地区处理侵犯商业秘密问题的方式，为跨国公司提供指导，推动国际合作。

第四，随着技术的发展和商业模式的变化，商业秘密保护面临的挑战也在不断变化。本研究可以帮助企业更好地应对这些挑战。

第二节　研究意义与内容

一、研究意义

伴随多部法律和法规的发布，中国商业秘密保护制度正在逐步完善。1987年，《中华人民共和国技术合同法》成为中国第一部直接涉及商业秘密保护的法律。1992年，中国承诺保护商业秘密并提交立法议案。1994年，《中华人民共和国劳动法》将保守用人单位的商业秘密作为劳动合同约定条款之一，加大了保护力度。1995年，国家工商行政管理局发布《关于禁止侵犯商业秘密行为的若干规定》，具体化了商业秘密保护制度。1997年，《中华人民共和国刑法》第二百一十九条增加了侵犯商业秘密的刑罚规定，制裁力度加大。2007年，《中华人民共和国劳动法》规定了竞业限制条款的合法性，对期限、经济补偿、适用主体范围、地域等进行了规定，加大了保护力度。2020年，《中华人民共和国刑法》修订后，第二百一十九条规定，侵犯商业秘密行为，情节严重的，处三年以下有期徒刑，并处或者单处罚金；情节特别严重的，处三年以上十年以下有期徒刑，并处罚金。2020年9月10日，最高人民法院发布了《最高人民法院关于审理侵犯商业秘密民事案件适用法律若干问题的规定》，自2020年9月12日起施行，该规定注重对商业秘密保护的价值理念、指导思想、重要意义、裁判思路、具体规则等问题的研究，对商业秘密司法保护作出了较为全面的规定。2023年8月6日，国家市场监督管理总局、国家标准化管理委员会发布《企业知识产权合规管理体系要求》，该标准将于2024年1月1日正式实施。该标准正式生效后将替代《企业知识产权管理规范》，此次修订突出了标准的合规属性，为企业建立完善知识产权管理体系、防范知识产权风险、实现知识产权价值提供了参照标准。这些法规的出台为企业的创新和发展提供了法律保障。

本研究关于企业商业秘密法律保护的探讨具有重要的理论意义和实践价值，同时提出了相关建议。

（一）理论意义

本研究深入分析了企业商业秘密的概念、特征、分类，为商业秘密保护领域的学术研究提供了新的视角和思考。现有的商业秘密保护理论体系尚存在一些不足之处，本研究试图通过系统地探讨相关问题，为商业秘密保护理论的完善和发展做出贡献。

本研究对商业秘密的概念进行了深入剖析，对比不同国家和地区的商业秘密法律法规，以期为商业秘密的界定提供清晰、明确的标准。这对于统一商业秘密保护的理论认识具有重要意义，也有助于企业和法律实践者在面临商业秘密纠纷时做出准确判断。

本研究对商业秘密的特征进行了深入分析，揭示商业秘密在实际运作中所具有的独特性质。这有助于明确商业秘密与其他知识产权之间的差异，明确商业秘密保护的重点和难点，为商业秘密保护的理论发展和实践行动提供指导。

本研究对商业秘密的分类进行了探讨，针对商业秘密的性质、用途和保护需求进行分类。这有助于企业针对不同类型的商业秘密制定更为精细化的保护策略，提高商业秘密保护的针对性和有效性。同时，对商业秘密分类的研究也有助于完善商业秘密保护的立法和司法实践。

（二）实践价值

商业秘密保护关系到企业的生存发展和核心竞争力。本研究旨在帮助企业认识商业秘密保护的重要性，增强企业商业秘密保护意识，加强企业商业秘密保护管理措施，降低企业商业秘密泄露风险，从而保障企业的经济利益和市场地位。为实现这一目标，本研究提出了以下几点建议。

第一，加强企业内部管理。建立健全内部管理制度，明确各部门和员工在商业秘密保护方面的职责和义务，从源头上降低商业秘密泄露的可能性。加强员工培训，增强员工保密意识，使其充分了解商业秘密的重要性及保护措施。

第二，制定详细的保密制度，确保所有员工充分了解并遵守这些制度。保密制度应涵盖商业秘密的定义、保护范围、保密期限、信息分类等方面的规定。

第三，采取技术防护措施。企业应采用加密、访问控制等技术手段，保护商业秘密不被泄露、窃取或滥用。同时，企业应定期审查和升级这些技术措施，确保其在保护商业秘密方面的有效性。

第四，加强与合作伙伴的沟通与协作。企业在与供应商、客户、合作伙伴等第三方合作时，应明确商业秘密的保护责任，并签署保密协议，确保第三方在接触商业秘密时采取相应的保密措施。

第五，建立严格的追责制度，对泄露商业秘密的员工或第三方进行追责。同时，企业应与法律部门保持密切合作，以便在商业秘密泄露事件发生时能够迅速采取法律手段维护自身权益。

第六，建立企业商业秘密保护文化。将商业秘密保护融入企业文化，使之成为企业日常运营的重要组成部分，提高全体员工对商业秘密保护的重视程度。

企业商业秘密法律保护

二、研究内容

本研究从以下几个方面展开对企业商业秘密保护的探讨。

第一,深入剖析商业秘密的概念、特征和分类,帮助企业更好地识别和界定商业秘密,为企业商业秘密保护提供理论基础。

第二,分析企业商业秘密泄露的危害、原因和途径,以便企业能够针对不同泄露原因和途径采取预防措施。

第三,探讨企业商业秘密保护的法律制度和法律责任,明确企业在商业秘密保护过程中应承担的法律义务,为企业商业秘密保护提供法律指导。

第四,提出企业商业秘密保护的管理措施,包括意识培养、组织管理、技术手段和法律手段等,以帮助企业建立完善的商业秘密保护体系,降低商业秘密泄露风险。

第五,分析企业商业秘密保护的案例,总结企业商业秘密保护的经验、教训,为企业商业秘密保护提供实践参考。

第六,探讨企业商业秘密保护的诉讼途径,为企业在商业秘密纠纷中寻求法律救济提供有益建议。

通过对上述内容的深入研究,本研究将为企业商业秘密保护提供理论支持和实践指导,促进企业商业秘密保护工作的有效开展,从而保障企业的经济利益和市场地位,推动企业的持续发展。

第三节 研究方法与框架

一、研究方法

本研究采用文献分析、案例分析和比较分析等方法,通过对相关法律法规、司法解释和学术论文的研究,结合实际案例分析,对企业商业秘密保护进行全面梳理，以期为企业提供有效的商业秘密保护策略。

（一）文献分析法

本研究对国内外关于商业秘密保护的法律法规、司法解释、学术论文等文献进行深入剖析，以了解商业秘密的概念、特征、分类以及法律保护制度的基本内容，为后续的分析和讨论奠定理论基础。

（二）案例分析法

本研究选取典型的商业秘密保护案例进行分析，以揭示商业秘密泄露的危害、原因和途径，以及企业商业秘密保护的诉讼途径等，为企业商业秘密保护提供实践经验。

（三）比较分析法

本研究对不同国家和地区的商业秘密保护法律制度进行比较分析，以期发现其中的差异和优劣之处，为完善我国商业秘密保护法律制度提供借鉴。

二、研究框架

本研究分为七章。

第一章：绪论。介绍研究背景、目的、意义、内容、研究方法和框架。

第二章：商业秘密的概念、特征与分类。通过文献分析法探讨商业秘密的概念、特征和分类。

第三章：企业商业秘密泄露的危害、原因与途径。运用案例分析法分析企业商业秘密泄露的危害、原因和途径。

第四章：企业商业秘密保护的法律制度。通过比较分析法研究我国企业商业秘密保护的法律基础、法律措施和法律责任。

第五章：企业商业秘密保护的管理措施。探讨企业商业秘密保护的意识培养、组织管理、技术手段和法律手段等方面的内容。

第六章：企业商业秘密保护的诉讼途径。分析企业商业秘密保护的民事诉讼、刑事诉讼和刑事附带民事诉讼等诉讼途径，为企业提供解决商业秘密纠纷的法律途径。

第七章：企业商业秘密保护的案例分析。选取侵犯商业秘密纠纷案例、侵犯商业秘密罪案例、附带民事赔偿的侵犯商业秘密罪案例以及离职员工侵犯商业秘密的责任承担主体案例，深入剖析商业秘密保护的实际操作和法律适用问题。

本研究在全面梳理企业商业秘密保护的理论基础、法律制度、管理措施和诉讼途径的基础上，通过案例分析和比较分析等方法，提炼出企业商业秘密保护的实践经验和法律适用问题，为企业提供有效的商业秘密保护策略和解决商业秘密纠纷的法律途径。

第二章 商业秘密的概念、特征与分类

第一节 商业秘密的概念

一、国外对商业秘密的定义

商业秘密是国际上较为通用的法律术语，是随着经济社会的发展而产生的。早期的商业秘密如"家传绝技"和"祖传秘方"等，在奴隶社会中已经存在，并具有保密性强、能够带来经济利益等特点。根据当时的法律规定，如果竞业者以恶意引诱或强迫对方的奴隶泄露对方有关商业事务的秘密，奴隶的所有人有权提起"奴隶诱惑之诉"，可请求给予双倍的损害赔偿。[①] 商业秘密作为一个法律概念，并没有一个统一并权威的定义。尽管在一百多年前，这个概念就出现在各种法律文件中，但随着科技的飞速发展、经济往来的日益增多、国际合作需求的扩大以及各国司法实践的积累，人们对商业秘密的理解和认识不断深入和丰富，进而提出了一系列关于商业秘密的定义和解释。

1833年7月14日，美国《纽约杂志》第一次将商业秘密作为法律用语进行使用。世界上第一个关于商业秘密的案例是1817年英国"Newbery v. James"案件，即一个关于治疗痛风的秘密配方的纠纷。

美国法学会（American Law Institute）于1939年编纂的《侵权行为法重述》（*Restatement of Torts*）认为商业秘密包括配方、样式、信息的编辑产品，其被用于某人的经营，因此给人以机会，比不知或未使用的

[①] 孔祥俊. 商业秘密保护法原理[M]. 北京：中国法制出版社，1999：60.

企业商业秘密法律保护

竞争者更具优势。它可以是一种制造、加工或储存材料的工艺，可以是一种装置，或一份客户名单。①

20世纪50年代，商业秘密已经成为一个国际性的问题，并受到人们的广泛认可。人们开始专门研究商业秘密，并不断拓展其内涵。

美国统一州法律委员会1979年制定、1985年修改的《统一商业秘密法》规定商业秘密为特定信息，是指包括配方、模型、编辑、方案、设计、方法、技术或过程的信息。②

日本1993年修订的《不正当竞争防止法》把商业秘密界定为在商业活动中应用的制造方法、销售方式或其他任何技术或经营信息，该信息作为秘密进行管理，且不为公众所知悉。

加拿大1988年起草的《统一商业秘密法》解释商业秘密是指符合下列条件的任何信息：①被用于或可能被用于贸易工商业中；②在贸易或商业中不为众所周知；③因不为众所周知而具有经济价值；④为防止其为众所周知而采取了根据情况是合理的努力。

德国的《反不正当竞争法》未对商业秘密进行规范化定义，但按照德国联邦法院及学者的见解，商业秘密是指所有人有保密的意思、具有正当利益的所有与经营有关且尚未公开的信息。③

上述定义尽管语言表述存在差异，但都从新颖性、秘密性、价值性、具体性以及所有人采取保密措施等方面界定商业秘密。现在，商业秘密已经涵盖了商务、管理和经营等方面的技术信息和经营信息内容。

二、我国对商业秘密的定义

在我国，商业秘密作为法律术语，最早出现在1991年颁布的《中华人民共和国民事诉讼法》中。《中华人民共和国民事诉讼法》第六十六条

---

① 孔祥俊. 商业秘密保护法原理[M]. 北京：中国法制出版社，1999：88.
② 姜天波. 美国商业秘密法评要[J]. 当代法学，1992（3）：71.
③ 梁慧星. 民商法论丛：第6卷[M]. 北京：法律出版社，1997：32.

第二章 商业秘密的概念、特征与分类

规定:"对涉及国家秘密、商业秘密和个人隐私的证据应当保密,需要在法庭出示的,不得在公开开庭时出示。"但当时只是提出了商业秘密这一概念,并没有对这一概念做出解释,现实中对其含义的理解比较混乱。针对这一情况,最高人民法院在《关于适用〈中华人民共和国民事诉讼法〉若干问题的意见》中对其进行司法解释时指出商业秘密主要是指"技术秘密、商业情报及信息等"。

《中华人民共和国刑法》对商业秘密做出了如下界定:"商业秘密,是指不为公众所知悉,能为权利人带来经济利益,具有实用性并经权利人采取保密措施的技术信息和经营信息。"

1997年7月2日发布的《国家经贸委办公厅关于加强国有企业商业秘密保护工作的通知》规定:"商业秘密主要是指制作方法、技术、工艺、配方、数据、程序、设计、客户名单、货源情报、招投标文件以及其他技术信息和经营信息。"

最高人民法院在2007年1月施行的《最高人民法院关于审理不正当竞争民事案件应用法律若干问题的解释》中规定,商业秘密是指"不为其所属领域的相关人员普遍知悉和容易获得"的信息。

2019年修订的《中华人民共和国反不正当竞争法》中第九条规定:本法所称的商业秘密,是指不为公众所知悉、具有商业价值并经权利人采取相应保密措施的技术信息、经营信息等商业信息。2020年颁布的《中华人民共和国民法典》第一百二十三条明确将商业秘密列为知识产权的客体。

综上,商业秘密,作为企业重要的知识产权之一,是一种保密信息,只有少数特定人员知晓。商业秘密必须具有实际或潜在的商业价值,即具备为企业带来经济利益的能力。商业秘密的价值取决于其在商业活动中的重要性和独特性。商业秘密的内容广泛且多样化,包括技术、管理、市场、财务等各个方面的内容。商业秘密保护对于企业核心竞争力的维护和发展至关重要。商业秘密保护不仅能够保障企业的商业利益,还可

企业商业秘密法律保护

以促进企业的创新和发展,增强企业的竞争优势,提升企业的市场地位和声誉。

第二节 商业秘密的特征

关于商业秘密的特征,众说纷纭,经济法学界并没有达成共识,目前主要有以下几种看法:①商业秘密具有"秘密性、保密性、价值性"[1];②商业秘密具有"秘密性、财产性、专有性"[2];③商业秘密具有"秘密性、新颖性、实用性和价值性"[3];④商业秘密具有"秘密性、经济性、实用性、合法性、信息性"[4]。

概括商业秘密的特征既要考虑我国现行的立法,也要借鉴国外经验。笔者认为,目前的观点都承认"秘密性"是商业秘密的核心特征,"价值性"可称为经济价值性或商业价值性,"专有性"可以归入价值性的范畴。

根据我国《关于禁止侵犯商业秘密行为的若干规定》《中华人民共和国刑法》以及《中华人民共和国反不正当竞争法》的有关规定,可以得出商业秘密的特性应当至少包括四个方面,即秘密性、价值性、实用性和保密性。

一、秘密性

秘密性是商业秘密区别于其他知识产权的主要特征,也是商业秘密维系其经济价值的前提条件和获得法律保护的关键。商业秘密只能在一

---

[1] 陈有西.反不正当竞争法适用概论[M].北京:人民法院出版社,1994:91.
[2] 王玉杰.论商业秘密的刑法保护[J].法学评论,1996(4):66-70.
[3] 张玉瑞.商业秘密的法律保护[M].北京:专刊文献出版社,1994:168.
[4] 关今华.精神损害的认定与赔偿[M].北京:人民法院出版社,1996:168.

第二章 商业秘密的概念、特征与分类

定范围内,被特定人构思、掌握或者少数人了解、掌握或知悉,而不能从公开的渠道获得,如果众所周知,其将不能被称为商业秘密。商业秘密的秘密性是维系其商业价值和垄断地位的前提条件之一,也是认定商业秘密的基本要件和主要法律特征,是商业秘密最核心的特征。

"不为公众所知悉"作为秘密性的客观本质要求,意味着商业秘密不应是公众普遍认知或已知的信息。在商业秘密诉讼过程中,被告通常会质疑原告主张的商业秘密的秘密性,法院也需要对此进行仔细审查,以判断某种信息是否具备作为商业秘密的基本条件。原告需要向法院提供充分的证据,证明其所主张的商业秘密确实具有保密性,并且不属于公众所普遍知悉的信息。

另外,在商业秘密诉讼中,法院通常会评估原告采取的保护措施是否充分和合理,以判断原告是否确实重视保护商业秘密。这包括签订保密协议、限制访问敏感信息的员工数量、加密数据、设置访问权限等措施。这些因素都将影响法院对商业秘密的秘密性的判断。

在实际操作中,判断秘密性通常有两种标准。

一种是绝对秘密性标准,即商业秘密处于一种公众想要获取就可以通过合法途径获得的状态,那么该商业秘密便失去了秘密性,而不论该商业秘密实际上是否已为公众所了解,以及了解该商业秘密的公众规模。这是商业秘密在理论上被公开的一种可能性。按照这种标准,商业秘密很容易失去其秘密性,如在市场上销售含有商业秘密的产品,或未采取合理的保密措施使用商业秘密等,都可能导致商业秘密失去秘密性。

另一种是相对秘密性标准,即以导致商业秘密公开的行为所造成的实际结果作为判断秘密性的依据。只有当商业秘密在理论上被公开的可能性已经成为客观现实时,即实际上已经产生泄露的后果,在一定范围或一定程度上已被公众或业内人士所了解时,该商业秘密才会失去秘密性。

可从以下几个方面了解相对秘密性标准。

企业商业秘密法律保护

第一,秘密性的地域范围应以国内为主要参考。这主要是由于各国科技发展水平存在不平衡现象。在发达国家中,被公认和广泛应用的技术在相对落后的国家仍可能被视为先进技术。这样的限定条件,一方面可以激励国内技术人员积极引进国外先进技术,并在此基础上进行创新和改进;另一方面,也有助于改善本国的投资环境。具体地说,在判断秘密性的标准上,可以借鉴相关专利法的规定,即在出版物公开方面采用国际标准,而在公知公用方面则采用国内标准。这样的标准设置可以确保在考虑商业秘密的保护范围时,兼顾国内外技术水平的差异和国内经济发展的需要。

第二,商业秘密不为公众所知悉的要求并不意味着该商业秘密对任何人都处于未知状态,而是要求在相关行业中的人员并未普遍了解该商业秘密,特别是竞争对手在不采用不正当手段的情况下难以获得有关商业秘密的信息。这样的标准有利于充分保护权利人的利益,同时有助于降低诉讼过程中举证的难度。值得注意的是,某一信息在一个行业中可能为一般人所知,但在另一个行业中,仍保持秘密状态。在这种情况下,该信息在后一个行业中仍然可被视为商业秘密。这种现象在新技术被应用于其他行业时尤为明显。这样的判断标准可以确保在不同行业商业秘密保护范围更加合理。

第三,某一商业秘密被企业内部相关工作人员或职能人员了解后,并不一定会失去秘密性。如果这些职员了解商业秘密是出于业务需求,同时依据企业的规章制度或劳动合同,这些职员具有明确的或暗示的保密义务,那么商业秘密的秘密性依然可以保持。这样的判断依据有助于确保在企业内部合理传递和使用商业秘密的同时,商业秘密的保护不受影响。充分考虑企业实际运营需求与商业秘密保护的平衡,可以为企业提供一个良好的发展环境,同时鼓励企业采取适当的保密措施以维护其核心竞争力。

第四,在特定的情况下,企业外部人员出于业务需求了解商业秘密

第二章 商业秘密的概念、特征与分类

并不会导致其秘密性的丧失。例如，企业的原材料供应商、产品销售商、加工承揽商、维修商等可能需要知悉有关的商业秘密，但应确保知悉范围受到限制。为此，双方最好签订一份保密协议，明确规定有关保密义务。在某些情况下，根据当地行业习惯或当事人之间的交往惯例，这些外部人员也应承担保密义务。因此，在这种有限的信息传递范围内，商业秘密的秘密性并不会受到损害。这种方式可以在满足业务需求的同时，确保商业秘密得到充分保护，维护企业的核心竞争力。

第五，为了产品的正常使用，在有限范围内公开其技术，用户依法或依约承担不扩散的义务时，这种有限的公开并不意味着商业秘密失去其相对秘密性，尤其在被告通过可疑手段获得商业秘密的情况下。因此，法院在处理商业秘密案件时，会充分考虑商业秘密的保护与实际业务需求之间的平衡，以确保权利人的利益得到保护。

第六，关于反向工程的问题，即包含商业秘密的产品上市后对商业秘密产生的影响。通常来说，若某商业秘密能够通过反向工程被轻易发现，那么它将无法被视为商业秘密；若该秘密仅能通过长时间的分析才能被揭示，其仍被视为商业秘密，因为正是秘密的存在赋予了权利人时间优势。若通过对产品的内部检查可以相对容易地发现其中包含的秘密，且该产品是基于合同租赁或特许使用的，并且相关合同禁止租赁方或被许可方对产品进行内部检查，那么该秘密仍可作为商业秘密受到保护。

在处理反向工程的问题时，法律对商业秘密的保护需要充分考虑合同约定和实际操作中的技术难易程度，以确保商业秘密在合理范围内得到保护，从而保护权利人的利益与市场竞争的公平性。

二、价值性

价值性，也被称为经济价值性或商业价值性，是指商业秘密必须能为权利人带来实际的或潜在的经济利益或竞争优势。这是商业秘密与个人隐私、政治秘密等其他类型秘密的最主要区别。根据国际商会（ICC）

企业商业秘密法律保护

的规定,商业秘密需要具备实现工业应用的能力,并为商业创造利润。

价值性突显了保护商业秘密的内在动机。权利人在开发商业秘密的过程中,就已经设定了明确的商业目标,这无疑是为了追求经济利益。从商业秘密的实施和利用结果来看,权利人通过运用已掌握的技术秘密或商务信息,在市场竞争中获得了优势地位。

商业秘密的价值性体现在技术和商务两个方面,可以使企业在竞争中处于更有利的地位,创造更多的利润。

(一)商业秘密的价值性在技术上的体现

1. 新产品

例如,某企业研发出一种新型电池技术,具有更高的能量密度和更长的使用寿命。这种技术可以作为商业秘密,以使企业在电池市场中占据优势地位,吸引更多客户。

2. 新材料

以石墨烯为例,这是一种具有许多独特性能的新型纳米材料。企业在石墨烯制备和应用方面的技术秘密可以帮助其在新材料市场中保持领先地位。

3. 新工艺

例如,某企业研发出一种高效的生产流程,能显著降低成本并提高产品质量。这种工艺作为商业秘密,可以使企业在成本竞争中占据优势地位,并提高市场份额。

4. 节约原材料和降低成本

例如,某企业掌握了一种能够大幅度节约原材料、降低生产成本的技术。通过保护这一商业秘密,企业能够获得更高的利润和市场竞争力。

第二章 商业秘密的概念、特征与分类

（二）商业秘密的价值性在商务上的体现

1. 经营信息

例如，某企业拥有独特的市场调查和分析数据，能够更好地了解客户需求，制定有效的销售策略。这种商业秘密可以帮助企业提高产品销量和市场占有率。

2. 协调能力

例如，某企业拥有优秀的供应链管理能力，能够有效地协调供应商、生产商和分销商之间的关系。这种商业秘密可以帮助企业提高运营效率和降低成本。

3. 劳动效率

例如，某企业掌握了一套独特的员工培训和激励体系，可以提高员工的工作效率和满意度。这种商业秘密可以使企业在人力资源管理方面具有竞争优势。

4. 生产要素优化

通过对企业内部管理、生产流程和经营策略的优化调整，企业能够实现生产要素的最佳组合。这些商业秘密有助于提高企业的整体运营效率和盈利能力。

商业秘密价值性的具体体现，论证了权利人可以利用商业秘密使自己在竞争中处于更有利的地位，创造更多的利润，保护其商业秘密的意义就是禁止他人从这些信息中获得不属于自己、不正当的经济利益。因此，权利人保护商业秘密，直接目的是谋取经济利益，而在我国，法律保护商业秘密的目的就是维护权利人的经济利益以及社会的正当的经济秩序。

商业秘密的价值性不只体现在积极信息中，还可以体现在消极信息中。积极信息下的商业秘密是指用最少的时间、最少的材料消耗指导人们以最高效率完成某项事务或制造某种产品的方法。消极信息下的商业秘密是指科研失败、技术实验失败、理论研究失败等信息。这些信息本

企业商业秘密法律保护

身没有任何经济价值,但是对其他人进行科研或者理论研究有借鉴意义,可以避免其在相关领域的科研费用投入及人力投入。

三、实用性

商业秘密与其他理论成果的根本区别就在于商业秘密具有现实或潜在的实用价值。商业秘密必须是一种现在或者将来能够应用于生产经营或者对生产经营有用的具体的技术方案和经营策略。不能直接或间接应用于生产经营活动的信息,不具有实用性,不属于商业秘密。

实用性是商业秘密价值性的基础,表现为客观有用性、确定性、可操作性和有具体表现形式。

(一)客观有用性

客观有用性主要指商业秘密必须具有实际应用的可能性。这意味着商业秘密所涉及的技术信息、经营信息应该是相对独立完整的、具体的、具有可操作性的方案或阶段性技术成果。商业秘密必须能够在实际生产和经营中得到应用,从而为权利人创造经济价值。

商业秘密实际应用的可能性和经济价值是密切相关的,只有在实际应用中产生了经济价值,才能够被认定为商业秘密并受到法律保护。客观有用性并不要求权利人对该信息进行现实利用,只要该信息具有应用的现实可能性即可。

(二)确定性

确定性要求商业秘密的技术信息和经营信息具有明确性和具体性,即商业秘密应当包含足够的信息,使企业能够将其应用于实际生产和经营活动中,从而创造价值。

第二章 商业秘密的概念、特征与分类

（三）可操作性

可操作性强调商业秘密在实际生产和经营活动中的可行性，使企业能够实际执行和应用这些信息。换句话说，商业秘密不仅是理论上的知识，也是可以直接应用于实际生产中的技术或方法。这种可操作性使企业能够利用商业秘密提高生产效率、降低成本、提高产品质量或创新产品设计等。

（四）有具体的表现形式

有具体的表现形式是商业秘密实用性的另一个重要方面。实用性要求商业秘密在实际应用中具有明确的实现途径。这就要求商业秘密以一定的形式表现出来，以便企业在实际生产和经营活动中能够利用这些信息创造价值。

例如，化学配方详细说明了制造某种产品所需的原料及其比例，使企业能够准确地生产该产品。工艺流程说明书和图纸则为企业提供了生产过程中各个步骤的具体细节和操作方法，使企业能够按照这些指导进行生产，提高生产效率和产品质量。技术方案则涉及产品设计、生产方法、设备配置等具体内容，它为企业提供了实现技术创新和优化生产过程的途径。管理档案则包括企业内部的管理制度、经营策略、市场分析等信息，这些信息有助于企业提高经营效率，降低成本，增强竞争力。

四、保密性

《中华人民共和国反不正当竞争法》要求商业秘密"不为公众所知悉"，这意味着其权利人应对其采取保密措施。[1] 2019年修订后，《中华人民共和国反不正当竞争法》中第九条规定：本法所称的商业秘密，是

---

[1] 黄文婷.商业秘密法律保护探析[D].厦门：厦门大学，2007.

企业商业秘密法律保护

指不为公众所知悉、具有商业价值并经权利人采取相应保密措施的技术信息、经营信息等商业信息。保密措施应该根据具体情况确定,包括但不限于签署保密协议、限制人员权限、加密保管、设置防火墙等手段。需要注意的是,商业秘密权利人在采取保密措施时应遵守法律规定,不能采取不正当手段。

保密性是认定某信息为商业秘密的要件,是判断标准之一。首先,权利人主观上是否有将某种信息作为商业秘密的意愿,即保密意图。这一点可以从权利人的客观行为中推断出来。其次,权利人客观上是否采取了保密措施。而权利人的保密措施是否合理,则要结合当时的实际情况综合考察。保密措施可以是多方面的,可以是制定制度、签订协议等管理措施,也可以是技术措施、物理措施或者经济措施。

第三节　商业秘密的分类

一、根据性质分类

了解商业秘密的分类有助于企业更好地识别、保护和管理商业秘密,进而保持企业的竞争优势。

在不同的产业、不同的部门或者技术研发的不同阶段,商业秘密广泛存在。可根据商业秘密的性质将其分为两类:一类是技术信息,另一类是经营信息,具体如图 2-1 所示。

第二章　商业秘密的概念、特征与分类

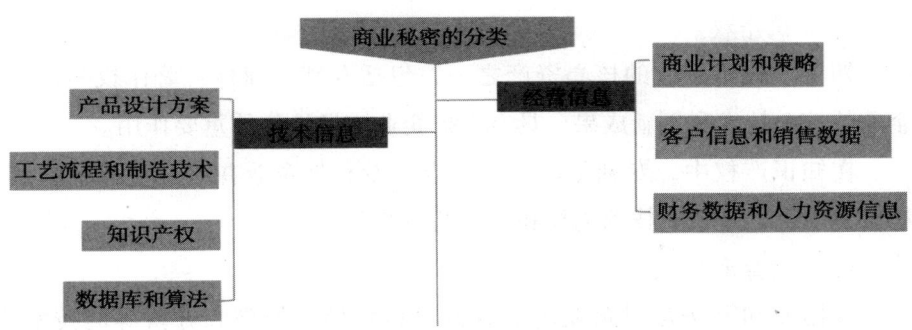

图 2-1　根据性质对商业秘密进行分类

（一）技术信息

技术信息又称为技术秘密、专有技术，是狭义的商业秘密，指应用于工业，没有得到专利保护的，仅为少数人掌握的技术和知识。技术信息具有独特性和创新性，是企业的核心技术和竞争优势所在。根据技术信息的来源和应用领域，可以将其进一步分为以下几类。

1. 产品设计方案

产品设计方案是企业产品研发的核心，包括产品的设计思路、制造工艺、图纸和模型等信息。这些信息对于产品的研发、生产和销售都具有重要意义，是企业的核心竞争力之一。

在产品设计方案中，制造工艺和图纸是保密的重点。这些信息包含产品的关键技术，如产品的结构、材料、加工工艺等。

2. 工艺流程和制造技术

工艺流程和制造技术是企业生产制造的核心，包括制造过程中的各种技术细节、生产线的搭建和调试等。这些信息能够提高生产效率和产品质量，具有重要的商业价值。

在工艺流程和制造技术中，生产线的搭建和调试是保密的重点。这些信息包含企业生产核心技术，如设备的配置、工艺参数等。

企业商业秘密法律保护

3.知识产权

知识产权是企业的核心资产之一,包括专利、商标、著作权等,是企业的核心技术和创新成果,具有维护企业市场地位的重要作用。

在知识产权中,专利是保密的重点。专利是企业在研发过程中的核心研发成果,是企业技术创新和竞争的主要手段。

4.数据库和算法

数据库和算法是对企业内部数据进行存储、处理和分析等的技术,这些技术对于企业进行决策、市场分析和竞争分析具有重要意义。在信息时代,对数据的分析和利用成为企业获取商业机会和竞争优势的关键。

在数据库和算法中,数据的安全和隐私是保密的重点。企业需要保护客户和员工的个人隐私,同时确保数据不被非法获取和滥用。

(二)经营信息

经营信息是指企业在管理和运营过程中产生的非公开信息,这种信息主要指能够为经营者带来经济利益或者竞争优势,可用于经营活动的各类信息,包括企业的商业计划、市场策略、销售情况、客户信息、财务数据等。经营信息是企业决策和管理的重要依据。按照经营信息的来源和应用领域,可以将其分为以下几类。

1.商业计划和策略

商业计划和策略包括企业的发展规划、市场营销策略、产品推广策略等,对企业的决策和管理具有重要意义。

在商业计划和策略中,市场营销策略和产品推广策略是保密的重点。这些信息包含了企业的营销计划和推广方案,如产品定位策略、产品差异化策略、渠道策略等。

2.客户信息和销售数据

客户信息和销售数据是企业了解客户需求和市场需求的重要依据,

第二章 商业秘密的概念、特征与分类

包括客户的基本信息、购买记录、偏好等。这些信息能够帮助企业提高销售效率和客户满意度。

在客户信息和销售数据中，客户基本信息和购买记录是保密的重点。这些信息包含客户的个人隐私和购买行为。

3. 财务数据和人力资源信息

财务数据和人力资源信息是企业的核心资产之一，对于企业的财务管理和人力资源管理具有重要意义。财务数据和人力资源信息包括企业的财务报表、预算和人力资源情况等。

在财务数据中，财务报表和预算是保密的重点。这些信息包含企业的财务状况和经营情况。在人力资源信息中，员工个人信息和薪资情况是保密的重点。这些信息包含员工的个人隐私和薪资待遇。

技术信息和经营信息都是商业秘密，能够为企业带来经济效益和竞争优势。它们之间的主要区别有以下两个方面。

第一，内容不同。技术信息主要指工业中的技术知识和经验，如专利、工艺、产品设计等。而经营信息则指企业的经营管理知识和经验，如市场情况、营销策略、人力资源管理等。

第二，财产价值不同。技术信息比经营信息具有更大的财产价值。技术通常可以直接转化为经济利益，如减少生产成本、提高产品质量、增强市场竞争力等。而经营信息的财产价值则较小。

此外，对技术信息的认定比较容易，因为其通常具有明显的技术含量和创新性，可以通过专利等形式进行保护。而经营信息在构成条件和范围上存在较多不确定性，需要根据实际情况进行具体分析和判断。

二、根据保密程度分类

根据保密程度，商业秘密可以分为以下几种，如图 2-2 所示。

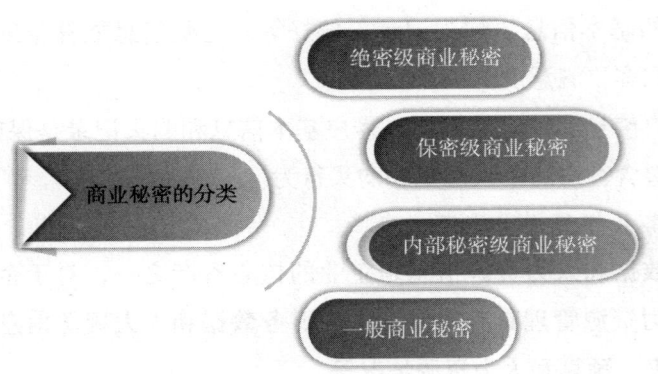

图 2-2　根据保密程度对商业秘密进行分类

绝密级商业秘密是最高级别的商业秘密，只有极少数关键人员可以接触和知悉。这类商业秘密包括商业计划、核心技术、专利技术等，一旦泄露，将对企业带来极大的损失和威胁。因此，企业需要采取非常严格的措施来保护绝密级商业秘密，如建设安全保密室、加密通信、限制网络访问等。

保密级商业秘密是较高级别的商业秘密，只有在必要的情况下才可以向有关人员披露，需要采取权限管理、加密保护、定期审查等措施来确保不被泄露。这类商业秘密包括研发计划、产品设计、市场营销策略等。与绝密级商业秘密相比，保密级商业秘密的保密措施相对灵活，但同样需要企业具有高度的保密意识和能力来确保信息不被泄露。

内部秘密级商业秘密通常只对公司内部的一部分人员公开，包括一些公司内部文件、财务报表等。企业需要采取权限管理、加密保护、定期审查等措施来确保信息不被泄露。相较于绝密级商业秘密和保密级商业秘密，内部秘密级商业秘密的保密程度低，但仍然需要确保敏感信息不被外泄，以保护企业利益。

一般商业秘密是最低级别的商业秘密，例如员工名单、公司地址等。虽然这些信息相对不太敏感，但企业仍需要采取一定的保密措施，如文件备份、权限管理、加密保护等，避免敏感信息泄露造成潜在的影响。

三、根据内容分类

根据内容,商业秘密可以分为工业技术秘密、商业经营秘密和管理技术秘密三类。

工业技术秘密指不享有专利保护的实验、生产、装配、维修和操作等方面的技术秘密,主要储存于图纸、资料、胶卷、软件等载体中。

商业经营秘密一般包括与市场密切相关的情报或信息,如原材料价格、销售市场和竞争公司的情报,还包括供销渠道、经营方法及贸易记录等。这些信息常以数据、信息、经验的形式出现,多以计算机为载体,部分以人脑为载体,书面文字资料越来越少见。

管理技术秘密指组织生产和经营管理的秘密,特别是合理、有效地管理各部门,使彼此合作,使生产经营有机运转的秘密。这种秘密较多储存于管理者头脑,少部分储存于计算机,书面文字资料很少见。

商业秘密的外延逐渐扩大,不仅包括生产技术性的秘密,还包括商务性秘密、信息性秘密、财务性秘密,以及其他各种具有经济保密价值的秘密。有人把工业技术秘密称为技术性商业秘密,把商业经营秘密、管理技术秘密称为非技术性秘密。

四、商业秘密分类的意义

商业秘密是指未公开的特定信息,其包括的范围难以限定,因为商业秘密是一个不断发展和自我完善的动态信息。随着现代市场经济和科学技术的发展,以及企业管理水平的提高,商业秘密的类型呈现多样化趋势。因此,根据不同的标准对商业秘密进行分类,有利于在法律层面上更好地理解和保护商业秘密。商业秘密分类的意义如下。

(一)有助于立法的完善

商业秘密涉及的范围不断扩大,对商业秘密进行分类有助于法律对

企业商业秘密法律保护

其进行明确保护。新的商业秘密不断被纳入法律的保护范围中,这凸显了商业秘密在商业活动中的重要性和其固有的经济价值。

我国应加强立法的科学性,认真研究、分析不同性质和类型的商业秘密的特点,以更好地制定和完善保护商业秘密的法律法规。

(二) 有利于权利人更好地保护商业秘密

对商业秘密进行分类有利于企业更好地保护商业秘密,因为不同的商业秘密有不同的特点和内容,需要采取不同的保护措施。例如,对于技术信息,需要采取更加严格的保密措施,如确定员工的访问权限、实施加密措施等;而对于一些非技术信息,可以通过加强员工保密意识、制定保密管理制度等方式进行保护。同时,对商业秘密进行分类也有利于企业根据商业秘密的重要程度合理配置资源,更好地保护企业的核心竞争力和商业利益。

(三) 有利于司法机关或仲裁机构处理商业秘密纠纷

对商业秘密进行分类,可以帮助司法机关或仲裁机构更好地了解商业秘密的性质、特点、保护措施等,进而确定商业秘密在纠纷中的法律地位。同时,对商业秘密进行分类可以让司法机关或仲裁机构更好地判断商业秘密泄露情况,从而对侵权行为进行量刑和处罚。

(四) 有利于商业秘密理论的研究

对商业秘密进行分类可以帮助研究人员更深入地理解商业秘密的特点、保护需求和保护措施。对商业秘密进行分类研究,可以为商业秘密保护理论的发展提供重要的参考和依据。

第三章　企业商业秘密泄露的危害、原因与途径

第一节 企业商业秘密泄露的危害

商业秘密作为企业最重要的资产之一,是企业长期经营发展的重要保障。商业秘密包含各种形式的商业机密,如产品设计、工艺技术、市场策略、客户信息、供应链信息等。这些商业秘密通常是企业内部拥有的,通过内部研发、生产、销售等活动形成的,并经过长时间的积累和沉淀。商业秘密是企业的核心竞争力,可以帮助企业在激烈的市场竞争中获得优势,提高市场份额和销售额,为企业带来巨大的经济效益。

商业秘密的保护对企业来说至关重要。商业秘密泄露可能导致企业的市场竞争力和市场份额下降,客户流失,经济利益受损。商业秘密泄露还可能导致企业的知识产权受到侵犯,进而对企业的财务状况和形象造成极大的损害。企业商业秘密泄露的危害如图3-1所示。

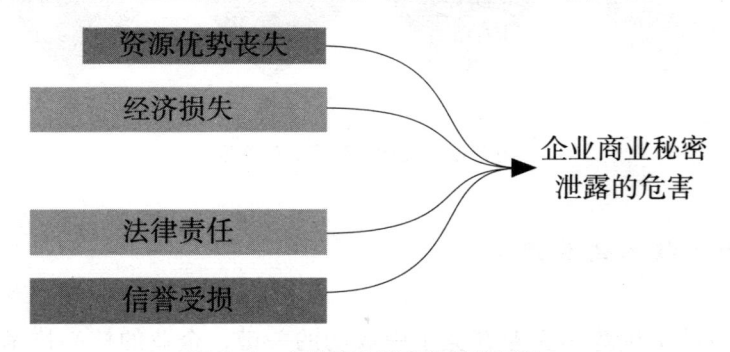

图3-1 企业商业秘密泄露的危害

企业商业秘密法律保护

一、资源优势丧失

企业的核心竞争力往往来自独特的商业模式、技术、产品或者服务。商业秘密泄露后,竞争对手会利用相关资源,逐渐削弱企业的市场优势。商业秘密是企业在市场竞争中所积累的独特资源,对于企业的持续发展具有重要的价值,如果商业秘密泄露,企业的资源优势可能会受到严重损害。

例如,甲公司拥有自主研发的芯片技术,该芯片技术是其核心竞争力之一,也是甲公司的商业秘密之一。甲公司的一名前高管带着商业秘密离职并加入了竞争对手,甲公司的芯片技术也被泄露。竞争对手很快推出了与甲公司芯片类似的产品,并以更低的价格进行销售,从而逐渐夺走了甲公司的市场份额。

由于甲公司失去了其独特的技术优势和商业模式,因此其逐渐失去了竞争优势,其市场份额和盈利水平大幅下降,最终被迫重组和裁员。资源优势丧失主要表现在以下几个方面,如图3-2所示。

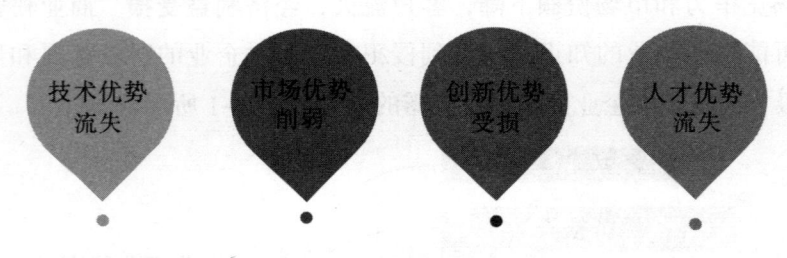

图3-2 资源优势丧失的表现

(一)技术优势流失

拥有技术优势是企业在竞争中成功的关键,企业的核心技术是其竞争力的重要来源。商业秘密泄露后,竞争对手可能会模仿企业的技术,这将导致企业在市场上的技术优势逐渐丧失,企业在研发过程中投入的大量时间、精力和资金也会付诸东流。

商业秘密泄露后，企业的技术优势可能会下降，具体表现在以下几个方面。首先，知识产权会遭受侵犯，企业的技术成果往往体现在专利、著作权、商标等知识产权中，商业秘密泄露后，竞争对手可能会剽窃或模仿企业的技术成果，侵犯企业的知识产权，进而导致企业在市场上的技术优势被削弱。其次，企业在研发过程中投入了大量的时间、精力和资金。商业秘密泄露后，竞争对手可借鉴企业的技术成果，减少自身的研发投入，从而迅速赶超企业。这会使企业的研发投入付诸东流，降低了研发的回报率，直接造成研发投入的浪费。再次，企业的技术成果往往体现在其产品或服务中。商业秘密泄露后，竞争对手可能会推出类似的产品或服务，进一步降低企业的产品竞争力。企业可能面临市场份额下滑、销售额减少、产品竞争力下降等问题。对于某些拥有独特技术的企业来说，商业秘密泄露可能导致其在市场上的技术垄断地位丧失。最后，商业秘密泄露可能导致企业创新动力下降。由于竞争对手能够轻易获得企业的技术成果，企业可能会感到创新无法带来足够的回报，从而降低对创新的投入，失去创新动力。

（二）市场优势削弱

企业的市场策略、客户信息和供应链等信息商业秘密对企业具有重要价值。这些信息被泄露后，竞争对手可利用这些信息制定针对性的竞争策略，侵占企业的市场份额。此外，企业与供应商、客户之间的关系也可能遭到破坏，进一步降低企业的市场地位。

企业的客户信息是企业获得市场优势的重要资源之一。竞争对手可以利用被泄露的客户信息，制定针对性的营销策略，从而吸引和争夺企业的客户，导致企业客户流失。同时，企业的供应商、分销商和合作伙伴信息也是其获得市场优势的基础。商业秘密泄露后，竞争对手可能会侵入企业的供应链，与供应商、分销商建立合作关系，从而削弱企业在供应链中的地位和议价能力。另外，企业的营销策略、定价策略和促销策略等商业秘密有助于企业提高市场竞争力。这些信息泄露后，竞争对手可根据这些信息制定类似的策略，影响企业原有的营销策略的效果。商业秘密泄露可能导致企业的品牌形象受损。消费者可能会质疑企业在保护商业秘密方面的能力，从而降低对企业产品和服务的信任度。由于竞争对手利用泄露的商业秘密实施针对性的竞争策略，企业可能面临市场份额的下滑。

（三）创新优势受损

商业秘密泄露可能导致企业创新能力下降。竞争对手获取企业的研发计划、产品设计等信息后，会加速自身的研发进程，提前推出类似的产品。这将使企业的创新成果被削弱或抢占，进而降低企业的创新动力。

企业的创新成果往往具有知识产权保护价值。创新成果包括企业的研发计划、技术路线和产品设计等信息。竞争对手获得这些信息后，可能会模仿或改进企业的创新成果，从而降低企业在市场上的创新优势。商业秘密泄露后，竞争对手会减少自身的创新投入，快速复制企业的创新成果。这将使企业的创新投入回报率降低，影响企业的研发动力和持续创新能力。商业秘密泄露可能影响企业与其他机构、企业和高校的创新合作。合作方可能对企业在保护商业秘密方面的能力产生疑虑，从而降低对企业的信任度，失去与企业合作的意愿。企业的创新优势往往依赖具有创新能力的研发人员。商业秘密泄露可能导致研发人员对企业的信任度下降，从而影响他们的工作积极性和留任意愿，企业的人才可能会流失，这将进一步削弱企业的创新实力。

例如，某医药公司拥有一项独特的新药研发技术，该技术能够显著提高新药研发的效率和成功率。该公司一直将该技术视为其核心竞争力之一，并将其作为商业秘密严格保密。

一名员工在离职后将该技术泄露给该公司的竞争对手，竞争对手很快就利用该技术推出了一系列新药，并在市场上获得了成功。由于该公司失去了其独特的新药研发技术，它的新药研发效率和成功率大幅下降。它需要重新投入更多的时间和资金研发新药，但是由于竞争对手已经抢先一步，该公司很难再次获得市场优势，长期发展受到了严重影响。

这是商业秘密泄露破坏企业创新能力的例子。即便后面通过诉讼、仲裁以及开庭审理，企业得到了赔偿，但是整个过程都会耗费大量的财力、物力、人力，得不偿失。

（四）人才优势流失

企业的人才资源也是其竞争力的重要组成部分。商业秘密泄露可能导致员工的不满和对企业的信任度下降，从而影响企业的人才引进、培养和留任。

商业秘密泄露后，员工会质疑企业保护商业秘密和员工个人信息的能力，降低工作积极性和对企业的忠诚度。被泄露的商业秘密包括员工的个人信息、薪酬待遇、晋升机会等敏感信息。这些信息被泄露后，员工会对企业产生不满和担忧，对企业的满意度降低。企业在招聘过程中可能面临更大的挑战，由于商业秘密泄露事件，潜在求职者会对企业的形象和信誉产生负面看法，从而影响他们加入企业的意愿，最终造成企业的人才招聘困难，直接影响企业生产力的提高。商业秘密泄露可能导致企业中的优秀人才离职。他们会因为担心个人信息和职业发展受到影响，而选择其他具有更好保密制度和信誉的企业。企业培训员工的内容往往包含企业的商业秘密。商业秘密泄露后，竞争对手可能会利用这些信息吸引企业的人才，从而减少企业在人才培养方面的投入回报，造成企业培训效果的下降。

例如，孙某在 A 公司任销售经理期间，掌握了 A 公司的销售策略和销售价格等已采取保密措施的商业秘密。孙某在同类企业 B 公司提出为孙某提供优厚待遇后，即向 B 公司透露了 A 公司的商业秘密，致使 A 公司主要客户销售量明显下降，产品价格不正常下降，造成巨大的经济损失。这一案例说明企业员工流失可直接造成企业商业秘密泄露，直接损害企业的经济效益。

二、经济损失

经济损失是商业秘密泄露后企业面临的严重后果之一。商业秘密泄露后，企业的核心技术、客户信息、市场策略等可能被竞争对手利用，从而导致企业的市场份额流失、客户流失和销售额下降。

例如，某软件开发公司（甲公司）是一家专注于移动应用开发的企业，拥有多款畅销应用。张某是甲公司产品研发部门的一名核心成员，负责公司一个即将上市的重点项目。在项目尚未完成之际，张某离职并加入了同行业的乙公司。离职后不久，甲公司发现市场上出现了一款与其即将上市的产品非常相似的产品，经过调查，该产品正是乙公司推出的。甲公司认为，张某在离职后将其商业秘密泄露给乙公司，侵犯了甲公司的合法权益，给企业带来了重大的经济损失。

甲公司原本计划以该新产品抢占市场份额，巩固其行业地位。然而，乙公司凭借张某泄露的商业秘密提前推出了类似产品，吸引了大量潜在客户，导致甲公司的市场份额下降，一些原本可能成为甲公司客户的用户转而选择了乙公司的产品。甲公司因此失去了潜在客户，影响了销售业绩。甲公司为新产品投入了大量研发资源，包括人力、物力和财力。商业秘密泄露使乙公司提前推出竞品，导致甲公司的投资收益大大降低，甚至无法收回成本。最终由于商业秘密泄露，市场上出现了竞品，甲公司的技术优势受损进而影响其企业信誉。从此案例可以看出，商业秘密泄露所带来的经济损失主要有以下六个方面，如图 3-3 所示。

第三章　企业商业秘密泄露的危害、原因与途径

图 3-3　商业秘密泄露所带来的经济损失

（一）市场份额流失

竞争对手利用企业泄露的核心技术、产品设计和市场策略等信息，可以迅速推出类似或改进的产品和服务。这将使企业的市场份额大幅度下降。

竞争对手利用企业泄露的定价策略和成本结构信息，可以制定有针对性的价格策略，与企业展开激烈的价格竞争。这将进一步缩减企业的市场份额和利润空间，促使企业之间的价格竞争加剧。竞争对手在获取企业的市场策略和营销手段后，可以采取类似或更具吸引力的策略来争夺市场。这将使企业原有的营销策略的效果减弱，影响其在市场中的地位。同时，竞争对手的模仿和挑战会使企业在市场中的独特性逐渐减弱。这将导致企业在获取新客户时面临更大的困难，限制其市场份额的扩大。随着市场份额的流失，企业在行业中的地位可能逐渐下滑。这将使企业在与供应商、分销商等合作伙伴的谈判中丧失议价能力，进一步降低其市场地位。

（二）客户流失

竞争对手利用企业泄露的客户信息，制定有针对性的营销策略，是一种非常普遍的商业竞争行为。这种行为会使企业的原有客户对企业的满意度降低。客户会感到不舒服，因为他们的个人信息被泄露给竞争对手，同时又被用来向他们销售竞争对手的产品或服务。这会让客户感到背叛，从而降低他们对企业的忠诚度和信任感。

客户的转投也可能是因为竞争对手提供了更好的产品或服务。通过利用被泄露的客户信息，竞争对手可以更好地了解客户的需求和偏好，从而提供更有吸引力的产品或服务。这将导致客户流失，企业的销售业绩和盈利能力进一步降低。如果企业没有采取适当的措施来防止客户信息泄露，客户会对企业的数据保护和隐私保护措施产生疑虑。这会导致企业的声誉和信誉受损，客户对企业失去信任感，并选择转投其他企业。

获取企业的商业秘密后，竞争对手可以提前掌握企业的未来产品计划和创新方向，提前推出满足市场需求的产品或服务，使企业在满足客户需求方面处于劣势，从而损失一部分与企业有合作意愿的客户。

被泄露的商业秘密还可能包括企业与客户的合作协议、价格谈判等敏感信息，这些信息被竞争对手利用后，将破坏企业与客户之间的关系，进一步导致企业客户流失。由于竞争对手模仿或改进企业的产品和服务，客户可能会发现竞争对手提供的产品和服务更具吸引力。这将导致客户忠诚度降低，客户对企业的品牌形象产生负面看法，从而降低他们向朋友、家人或同事推荐企业产品和服务的意愿。这将影响企业的口碑，进一步加剧客户流失问题。

（三）销售额下降

由于市场份额和客户的流失，企业的销售额将受到严重影响。此外，企业可能需要降低价格或增加促销活动以应对竞争对手的挑战，这将进一步压缩企业的利润空间。

竞争对手获取企业的核心技术和产品设计等商业秘密后，会迅速推出具有竞争力的类似或者改进产品。即使企业也推出了该产品，其在市场中的竞争力也会减弱，销售额也会下降。由于商业秘密的泄露，客户对企业的信任度下降，直接导致购买意愿下降。此外，竞争对手会利用泄露的信息制定有针对性的营销策略，进一步影响客户对企业产品的购买意愿。竞争对手利用泄露的成本结构和定价策略信息，可以制定有针对性的价格策略，与企业展开激烈的价格竞争。这将迫使企业降低价格或提供更多优惠，从而影响销售额和利润空间。竞争对手可以提前掌握企业的市场推广计划和策略。这将使企业的原有营销活动效果变差，难以实现销售目标。竞争对手还可以利用企业与分销商、代理商等合作伙伴的合作协议和谈判策略等信息，破坏企业的销售渠道，从而影响企业的销售额。企业的独特性和竞争优势减弱，导致市场拓展速度减慢，进一步影响销售额增长。

（四）增加法律诉讼费用

商业秘密泄露后，企业需要通过法律途径维护自身权益。这将导致企业在诉讼费用、律师费用等方面承担额外的经济负担。

首先是起诉泄密方，企业通过法律途径追究泄露商业秘密的员工或合作伙伴的责任。企业在诉讼过程中需要承担律师费、诉讼费、鉴定费等相关费用。此外，企业还可能需要赔偿因商业秘密泄露而受损的客户、供应商等合作伙伴的损失。企业可能需要重新申请被泄露的技术、产品等的专利，以保护其合法权益。这将导致企业承担申请费、维持费等知识产权费用。当商业秘密泄露之后，企业必须进行内部调查，查明商业秘密泄露的原因和责任人。这将导致企业承担调查人员的薪资、差旅费、调查设备购买等费用。

（五）品牌价值损失

商业秘密泄露可能导致企业品牌形象受损，降低消费者对企业的信任度和忠诚度。品牌价值的损失将使企业在市场中的竞争地位逐渐下滑，企业拓展市场和吸引客户的难度加大。

消费者、客户和合作伙伴会因为商业秘密泄露，质疑其保护商业秘密的能力，从而对企业品牌产生负面看法，使企业的品牌形象受损。竞争对手会利用泄露的商业秘密模仿或者改进企业的产品或服务，从而导致企业在市场中的独特性和差异化优势减弱，使品牌的识别度下降。同时，消费者在利用竞争对手提供的类似或者改进的产品或服务时发现其他品牌的优势而转向竞争对手，从而导致企业品牌的忠诚度降低。另外，商业秘密泄露会诉诸媒体报道，引发媒体和公众的关注，引起负面的舆论传播，导致企业品牌的声誉进一步受损。另外，企业商业秘密若包含与合作伙伴、供应商等相关的敏感信息，一旦泄露被竞争对手利用，会破坏企业与合作伙伴之间的关系，影响品牌价值，进而影响企业的发展和竞争力。

（六）研发投入浪费

企业在研发过程中投入了大量的时间、精力和资金。泄露的商业秘密会导致企业的研发成果被竞争对手迅速复制，使企业的研发投入难以产生预期的回报。

商业秘密泄露后，企业的研发优势会削弱，导致新产品或新技术的市场竞争力减弱。这将使研发投入的投资回报率降低，影响企业的盈利能力。企业需要重新投入研发资源，开发新的技术或产品以弥补因商业秘密泄露造成的损失。这将导致企业在短期内承担更高的研发成本，影响资金运作和利润增长。商业秘密泄露可能导致研发团队的士气受挫，影响团队的工作效率和创新能力。这将进一步加剧企业研发投入的浪费。

为了防止商业秘密泄露，企业需要加大知识产权保护的投入，包括申请专利、注册商标等。

三、法律责任

如果企业未采取有效措施保护商业秘密，或在商业秘密泄露后未及时采取行动，可能会受到法律制裁，如罚款、责令整改等。

根据相关法律法规，企业在商业秘密保护方面的疏忽或过失可能导致行政处罚。罚款金额根据企业的过错程度和泄露信息所造成的损失来确定。监管机构会要求企业进行整改，以纠正其在商业秘密保护方面存在的问题。整改措施包括加强内部管理、完善保密制度、培训员工等。如果企业对商业秘密的保护措施严重不符合法律法规的要求，监管机构可暂停或取消企业的相关许可或资质。

四、信誉受损

企业商业秘密的泄露会给企业带来较大损失，其中之一便是信誉受损。企业信誉是企业长期积累起来的品牌形象，是企业在市场上立足的重要因素。商业秘密的泄露会破坏企业的信誉，使企业在消费者、供应商、投资者等面前的形象受到损害，从而影响企业的经营和发展。

一方面，商业秘密的泄露会导致消费者对企业失去信任和信心。例如，一家医药企业的新药研发方案被泄露，导致其他企业抢先推出同类药品，而该企业的新药无法在市场上占据优势，消费者会认为该企业没有足够的技术实力和创新能力，从而对该企业的产品和服务失去信心。同样地，一家电商企业的客户信息被泄露，导致客户个人账户被盗用等情况发生，消费者会认为该企业的信息安全措施不足，从而失去对该企业的信任。

另一方面，商业秘密的泄露会导致企业在供应商和投资者面前失去信誉。例如，一家工业企业的核心技术被泄露，导致供应商失去信心，担心合作受到不利影响,或者对合作续约提出更严苛的要求。此外,投资者也会因为商业秘密泄露而对企业失去信心,导致企业股票价格下跌,影响企业的市值。

商业秘密泄露会使企业信誉受损,具体表现在以下几个方面,如图3-4所示。

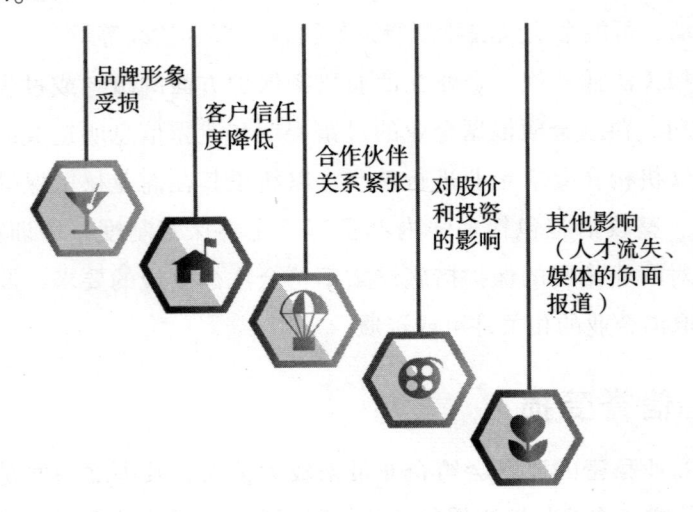

图 3-4 信誉受损的具体表现

(一)品牌形象受损

商业秘密泄露会直接影响企业的品牌形象。商业秘密泄露可能会在社交媒体、新闻媒体等渠道引发负面舆论,从而导致企业品牌形象受损,公众也会质疑该企业的商业道德、管理能力和行业地位。商业秘密泄露还会影响客户对企业的忠诚度,使客户转向竞争对手,导致企业市场份额减少,销售额下滑。企业营销活动的效果也会受到影响。消费者对负面信息敏感,可能会对企业的产品和服务产生抵触心理。

品牌形象受损会直接导致潜在合作伙伴对企业产生疑虑,从而减少与企业的合作机会。这将影响企业在供应链、分销渠道、战略合作等方面的拓展，导致企业价值降低，进一步影响其融资能力、市场估值和投资吸引力。

（二）客户信任度降低

客户可能担心企业无法保护他们的个人信息、商业数据等，从而降低对企业的信任度。客户与企业合作时会变得更加谨慎，要求企业采取更严格的保密措施。由于信任度降低，客户将减少与企业的业务往来，甚至转向竞争对手。这将直接影响企业的市场份额、销售收入和盈利能力。久而久之，企业会失去一些老客户，会对企业的经营产生严重影响。老客户的流失也会对新客户获取产生影响，潜在客户可能因为对企业的信任度不高而选择竞争对手。

商业秘密泄露后，企业为了重获客户的信任，需要投入更多的精力和资源，这在无形中增加了企业的成本，不利于企业的发展。

（三）合作伙伴关系紧张

商业秘密泄露会导致合作伙伴对企业的不信任，担忧自己企业的信息和利益遭到泄露，使合作关系紧张，甚至终止。

商业秘密泄露后，合作伙伴为了保护自己的利益和权益，会在资源共享以及项目合作方面更加谨慎，减少信息、人力和技术的共享，进而影响合作效率和效果。合作伙伴也会要求企业提供更严格的保密条款和赔偿机制，从而导致合同谈判的过程更加复杂和漫长，甚至谈判破裂。如果泄露事件对合作伙伴产生了影响，其可能会终止合作，并提起诉讼，要求企业承担泄密事件的法律责任并赔偿损失，这将给企业带来额外的法律风险和负担，对企业的业务发展、市场拓展和利润提高造成严重影响。

(四)对股价和投资的影响

商业秘密泄露后,上市公司可能面临股价下跌和投资者信心减弱等风险。投资者对企业的未来发展和盈利能力感到担忧,出售股票,从而引发股价下跌。投资者认为企业的管理和保密能力存在问题,对企业的发展前景产生疑惑,降低投资意愿。银行或者其他金融机构认为,企业保护商业秘密的力度不够,对企业的信誉产生怀疑,从而拒绝向企业提供融资支持。这些问题会对企业的融资和发展产生不利影响。

(五)其他影响

当企业信誉受损时,其吸引和招募优秀人才的能力也会受到严重影响。优秀人才可能认为,企业在商业秘密保护方面存在漏洞,无法保障自己的职业生涯和利益安全。企业将面临更大的招聘困难,因为企业需要花费更多的时间和精力吸引和招募优秀人才,以弥补人才流失和招聘困难所带来的影响。

商业秘密泄露事件可能会引发媒体的关注和负面报道,使企业在公众舆论中陷入困境。一旦媒体开始报道此类事件,公众的关注度就会大幅增加,对企业的声誉产生负面影响。这种情况会进一步削弱企业的竞争力,造成销售量下降、股价下跌等后果。

第二节 企业商业秘密泄露的原因

企业商业秘密泄露是现代商业领域普遍面临的问题,会对企业的发展和竞争力造成重大损害。企业商业秘密泄露的主要原因如图3-5所示。

第三章 企业商业秘密泄露的危害、原因与途径

```
企业商业秘密泄露的原因 ─┬─ 内部员工泄露商业秘密 ─┬─ 个人利益驱动
                      │                      └─ 内部管理不善
                      ├─ 竞争对手窃取商业秘密
                      ├─ 第三方合作伙伴泄露商业秘密
                      └─ 技术手段导致商业秘密泄露
```

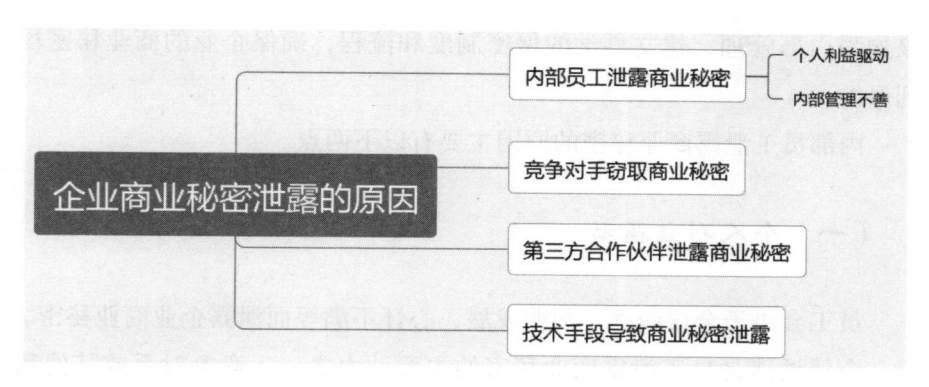

图 3-5 企业商业秘密泄露的原因

一、内部员工泄露商业秘密

例如，某企业向市场监管部门举报，称有员工涉嫌泄露企业的商业秘密。调查发现，该员工在从事销售工作期间接触了企业的客户信息，并偷偷将这些信息提供给竞争对手，导致企业的经济利益受损。该员工的行为属于侵犯商业秘密行为，违反了《中华人民共和国反不正当竞争法》的相关规定。

此外，该员工还盗取了企业的其他商业秘密，试图将其提供给竞争对手以获取利益。这些行为导致企业的商业信誉受损，客户流失，影响了企业的经济利益。

客户信任是企业在市场中立足的重要资产，而泄露商业秘密会让客户对企业产生不信任感，对企业的信誉造成损害，导致企业流失大量客户。在这个案例中，员工泄露了企业的客户信息及其他商业秘密，使企业遭受了经济损失和商业信誉的双重打击。这对企业的生存和发展有极大的不良影响。

该员工的行为反映出企业内部管理存在的问题。企业没有建立健全的商业秘密保护体系，未对员工进行有效培训，未建立规范的保密制度和操作流程，使员工泄露企业的商业秘密成为可能。这也说明了企业应

该加强内部管理，建立科学的保密制度和流程，确保企业的商业秘密得到保护。

内部员工泄露商业秘密的原因主要有以下两点。

（一）个人利益驱动

员工会由于金钱诱惑、职业发展、心怀不满等而泄露企业商业秘密。

金钱诱惑是员工泄露商业秘密的主要动力之一。竞争对手或其他利益相关方向员工提供金钱报酬，诱使其泄露企业商业秘密。在这种情况下，员工会由于贪婪、生活压力或者其他经济原因而泄露商业秘密。

职业发展也是员工泄露商业秘密的一个原因。一些员工认为泄露商业秘密可以帮助他们在职业生涯中获得更高的地位或更好的工作机会。他们认为泄露商业秘密可以证明自己的价值或展示自己的能力。

心怀不满也是员工泄露商业秘密的原因之一。有些员工对企业心存不满或不信任，这可能是工资不高、工作环境不佳、管理方式不合理等引起的。在这种情况下，员工将泄露商业秘密视为一种报复性行为，可以让企业付出巨大代价。

（二）内部管理不善

如果企业缺乏有效的保密制度，员工在工作中无法准确判断哪些信息是商业秘密。在这种情况下，员工会在无意中泄露商业秘密，导致企业的利益受损。同时，员工也不知道如何保护商业秘密，以及泄露商业秘密的后果和惩罚。

即使企业有保密制度，如果不严格执行，员工也会在无意中泄露商业秘密。例如，企业未对员工进行充分的保密培训和教育，以增强员工的保密意识。企业也未对员工的访问进行严格的限制，导致员工可以访问他们不应该访问的信息。

企业未采取适当的信息安全措施，例如数据备份、加密、设置防火墙等，也会导致商业秘密泄露。企业没有建立严格的访问控制机制，或未及时更新安全系统，会导致黑客攻击或病毒感染。这些安全漏洞会导致商业秘密泄露，从而对企业造成重大损失。

企业未对员工流动进行有效管理，也会导致商业秘密随员工离职而泄露。此外，如果企业未与员工签署保密协议或进行背景调查，员工也可能会将商业秘密泄露给竞争对手或其他利益相关方。

二、竞争对手窃取商业秘密

竞争对手会采取多种手段获取企业商业秘密，其中包括派遣商业间谍、制定招聘策略和利用合作与交流的机会。

例如，某化妆品公司开发了一种新型的护肤品配方，具有显著的抗衰老效果，并在市场上取得了良好的销售业绩。然而，该公司的一名员工被竞争对手挖走，并将该配方的详细信息泄露给了新雇主。竞争对手利用这些商业秘密，研发出类似的产品，并以较低的价格在市场上销售。该公司的销售额因此急剧下降，甚至面临破产的风险。该公司随后起诉该员工和竞争对手，要求赔偿巨额经济损失和侵权行为造成的其他损失，以维护自己的知识产权和商业利益。

竞争对手窃取商业秘密是极其严重的违法行为，不仅侵犯了其他企业的合法权益，而且破坏了市场公平竞争秩序。一旦这种行为被揭露，竞争对手不仅会面临法律的制裁，其商业信誉也会受损。

派遣商业间谍侵入企业内部是竞争对手窃取商业秘密的一种常见方式。这些商业间谍可能是竞争对手的员工，也可能是为竞争对手服务的第三方公司的成员。他们利用技术手段，比如黑客攻击、社交工程等方式，获取企业的商业秘密。企业应该采取多种安全措施，比如利用网络安全技术、设置防火墙、加密传输等手段，以防止商业间谍入侵企业。

竞争对手也会通过招聘企业的核心员工来获取企业商业秘密。这类策略通常伴随着高薪诱惑和职位晋升，以便更好地吸引企业内部的关键人员。企业应该通过制定保密协议、限制员工离职后的工作、对员工进行保密培训等措施来减少员工流失对商业秘密的影响。此外，企业还应该提高员工的满意度和福利待遇，以减少员工流失。

竞争对手还会在商业合作和交流中窃取企业商业秘密。在商业活动中，企业之间经常进行合作与交流。竞争对手通过技术交流、项目合作等途径，窃取企业商业秘密。企业应该加强对商业活动的管理和监督，制定合适的保密协议，限制商业信息的传输和使用。此外，企业还应该加强对商业合作伙伴的审核和监督，避免合作伙伴的内部人员泄露商业秘密。

三、第三方合作伙伴泄露商业秘密

第三方合作伙伴也是企业商业秘密泄露的一个重要原因。当企业与第三方合作伙伴进行合作时，第三方合作伙伴没有妥善保护商业秘密，或者因为利益冲突而泄露商业秘密，都会给企业带来重大损失。因此，企业应该认识到合作伙伴的重要性，采取措施保护商业秘密。

在与第三方合作伙伴签订合同时，如果合同条款不够严谨，可能导致商业秘密泄露。企业应该在签订合同时明确保密条款和违约责任，以保护自身利益。保密条款应该明确规定商业秘密的定义、保密期限、保密责任、违约责任等内容。合同中还应该包括双方的权利和义务，确保合作过程中商业秘密的安全。

企业应该对第三方合作伙伴的信誉和保密制度进行充分考虑。选择有信誉的第三方合作伙伴是防止商业秘密泄露的重要措施之一。企业应该与第三方合作伙伴签署保密协议，并加强对第三方合作伙伴的管理和监督，确保合作过程中商业秘密的安全。

例如，某自动化服务企业所使用的第三方查询软件存在漏洞，导致企业的客户信息、机密技术资料、商业计划等重要信息被泄露，给企业造成了巨大的经济损失，导致企业在市场上的竞争优势减弱，信誉受损，客户流失严重，企业形象和声誉受到极大影响。

制造业企业的重要信息泄露对企业运营造成的影响非常大。信息的泄露可能导致企业商业秘密泄露，使竞争对手获得不公平的竞争优势。此外，由于制造业的特殊性，信息泄露还可能导致生产线的停滞和供应链的中断，对企业的生产和销售带来不利影响。此外，受影响的企业还需要面对用户和客户的疑问和不信任，进而影响企业的品牌形象和声誉。

第三方合作伙伴的内部管理不善也可能导致企业商业秘密在合作过程中被泄露。因此，企业应采取与第三方合作伙伴签署保密协议、进行保密培训等措施，确保合作过程中商业秘密的安全。

第三方合作伙伴的利益冲突也可能导致企业商业秘密泄露。在某些情况下，第三方合作伙伴可能与竞争对手存在利益关联，从而导致企业商业秘密泄露。企业应警惕此类风险，避免与存在利益冲突的第三方合作伙伴进行合作。企业还应该采取措施，确保第三方合作伙伴无法利用商业活动获取企业商业秘密。

四、技术手段导致商业秘密泄露

黑客攻击是一种通过技术手段侵入企业的网络系统，获取企业商业秘密的常见手段。黑客可能利用计算机病毒、木马程序、网络钓鱼等方式攻击企业的计算机系统，从而窃取企业的敏感信息。黑客攻击通常具有隐蔽性和迅速性，企业很难及时发现和防范。黑客攻击可导致企业商业秘密泄露、数据丢失、业务中断等严重后果，对企业的正常运营和发展造成巨大损害。企业应定期升级防病毒软件，加强内部网络安全管理，增强员工的安全意识。

网络钓鱼是一种通过伪造企业官方网站、电子邮件等方式，诱使员工泄露敏感信息的欺诈手段。攻击者通常伪造企业官方网站或冒充企业发送邮件，诱使员工点击链接或下载附件，从而获取敏感信息。这些信息包括账号密码、信用卡信息等。网络钓鱼攻击的隐蔽性高，员工很难识别其真伪，容易被骗取敏感信息。

随着移动设备的普及，商业秘密可能在移动设备中被泄露。移动设备可能存在被盗、丢失、病毒感染等安全风险，这些风险都可能导致商业秘密泄露。例如，如果员工的手机或笔记本电脑被盗，未加密的商业秘密数据就有可能被泄露。另外，员工使用移动设备工作时，如果在公共场所使用公共网络，则容易被黑客攻击或窃听，从而导致商业秘密泄露。此外，员工还可能在移动设备上安装未经授权的应用程序，从而使移动设备被恶意软件感染，进而泄露商业秘密。企业应制定安全政策和规定，规范员工使用移动设备的行为，例如设置设备锁、加密存储数据等。

云计算和大数据技术的普及使企业可以更加便捷地管理和处理数据，但也使企业面临数据泄露的风险。这些风险可能来自企业自身的操作失误，也可能来自云服务提供商的安全漏洞，例如，未经授权的第三方访问企业的云端数据等。数据安全是企业需要考虑的一个重要问题。企业应选择有信誉的云服务提供商，并签订严密的保密协议，明确云服务提供商对数据的保护措施和法律责任。同时，企业也应加强对云端数据的访问控制和加密措施，以确保数据的安全性。

企业在使用云计算和大数据技术时需要谨慎处理数据。例如，企业需要定期清理不必要的数据，避免敏感信息存储在无关联的云端环境中，也需要采取适当的措施确保数据传输和处理的安全性。

第三节　企业商业秘密泄露的途径

企业商业秘密泄露的途径是多种多样的，在人员流动、兼职工作、接待参观、供应商合作、产品介绍、参加鉴定会等过程中均有可能泄露

第三章 企业商业秘密泄露的危害、原因与途径

商业秘密，给企业带来重大损失。因此，企业需要加强商业秘密保护措施，包括签署保密协议、限制员工使用企业电脑、加强网络安全、增强员工培训等。只有通过有效的保护措施，企业才能保护其商业秘密，确保自身的可持续发展。企业商业秘密泄露的途径如图 3-6 所示。

企业商业秘密泄露的途径：
- 人员流动
  - 钻空子合法取得
  - 非法窃取，并跳槽到同行
  - 作为商品出售或入股新企业
  - 利用窃取的秘密自立门户
  - 策划集体跳槽，联合窃取商业秘密
- 兼职工作
- 间谍窃取
- 接待参观
- 供应商与客户等第三方泄露
- 发表学术论文，散发产品介绍
- 参加鉴定会，送审批资料
- 广告与展览
- 高科技手段窃取
- 泄密载体的销毁管理环节

图 3-6 企业商业秘密泄露的途径

一、人员流动时的商业秘密泄露

人员流动是企业商业秘密泄露的主要途径。

（一）钻空子合法取得商业秘密

该行为通常发生在企业商业秘密保护措施不完善的情况下，即某些员工在未明显违反法律规定、保密协议或企业内部规定的情况下，利用企业商业秘密保护措施的漏洞，有意识地获取并使用商业秘密。

（二）非法窃取商业秘密并带着秘密文件跳槽到同行

员工在离职前或离职过程中，违反法律规定、保密协议或企业内部规定，通过非法手段获取商业秘密，并将其带到新雇主（通常为同行竞争对手）。这种行为严重损害了原企业的利益，可能导致原企业的核心竞争力受损、客户流失、市场份额下降等问题。

（三）将窃取的商业秘密作为商品出售或以其为资本入股新企业

员工在获取企业商业秘密后，为谋取个人利益或达到其他目的，将这些商业秘密作为商品出售，或将其作为资本或资源，入股新企业。这种行为会导致商业秘密的大规模泄露和被广泛应用，给原企业的发展带来严重威胁。

（四）利用窃取的商业秘密自立门户

员工在离开原企业后，利用窃取的商业秘密自主开展商业活动，成立自己的公司或个体经营。这种行为侵犯了原企业的商业利益，可能导致原企业的市场份额下降、客户流失、利润减少等问题。

（五）策划集体跳槽并联合窃取商业秘密

员工策划集体跳槽，多人联合窃取原企业的商业秘密，将其带入新雇主或成立新企业。这种行为可能导致企业的核心人才和技术一起流失，对企业的竞争力和市场地位造成严重损害。

二、兼职工作中的商业秘密泄露

企业管理人员和工程技术人员在其他企业兼职或在职期间从事第二职业是当前政策所允许的，这种方式可以帮助个人提高技能和增加收入。然而，从企业商业秘密保护的角度来看，这存在潜在的风险和挑战。

例如，一名电子产品公司的高级工程师在兼职期间加入了竞争对手的研发团队。在兼职过程中，他可能会接触到该竞争对手的研发计划、技术方案、产品规划等商业秘密信息。如果这名工程师将这些商业秘密泄露给该电子产品公司，该公司会利用这些信息获得商业优势，但这将给竞争对手带来严重的损失。

又如，一名销售人员在兼职过程中向兼职单位泄露公司的销售策略、客户信息等商业秘密信息，从而使兼职单位利用这些信息获得更高的市场地位和更多的客户资源。这种行为不仅会损害公司的经济利益，还会影响公司的声誉和形象。

三、利用间谍窃取商业秘密

为了获取商业秘密，一些公司会采取非常规手段，如在其他公司中安插间谍，利用间谍在技术或营销上的专长，吸引竞争对手聘用他们，当获得竞争对手信任和重用后开始窃取商业秘密。这些间谍会使用各种技术手段窃取商业秘密，如窃取电子邮件、拍摄机密文件、窃取专利、在会议上记录关键信息等。他们会按照雇主的指示，定期报告窃取的商业秘密。

例如，C 公司的竞争对手 D 公司利用委托人、现职员工与离职员工的工作便利，通过远程操作软件获取 C 公司极其重要的经营信息，用于同类经营，非法获利。

四、接待参观中泄露商业秘密

接待参观等活动是企业提升公众形象的重要手段，但也容易带来商业秘密泄露的风险。一些企业在接待商业客户时，为了追求利益，会满足客人的要求和期望，从而放松对商业秘密的保护。例如，一家机械厂研制出了小型食品加工机，另一家公司有意购买一批，但提出先到厂里参观考察，之后再谈具体事宜。为了促成这笔生意，厂方允许客户在参观中拍照，并向其介绍技术设计的关键数据。这种行为可能导致商业秘密泄露，客户利用获得的商业秘密申请专利或开发类似产品，将对企业造成重大损失。

又如，一位外国客户在参观一家新型能源企业时要求参观企业的核心技术设备，并提出需要详细了解企业的技术优势。为了迎合客户，企业向客户展示了核心技术设备的操作细节从而泄露了商业秘密。

五、供应商与客户等第三方泄露商业秘密

在商业往来中，企业不可避免地需要向供应商或客户透露商业秘密，以便他们更好地为企业提供产品或服务。然而，这种商业往来带来了泄露商业秘密的风险。供应商或客户可能与该企业的竞争对手或潜在竞争对手有商业往来，甚至存在密切的商业合作关系。在这种情况下，供应商或客户可能会出于自身利益的考虑，泄露企业商业秘密，使企业失去商业竞争优势。

例如，某汽车零部件厂商向其主要供应商透露了其独家发明的节油技术和新型材料配方，以确保供应商能够为其生产高质量、高性能的零部件。若该供应商也在为竞争对手生产同类零部件，一旦其泄露了该汽

车零部件厂商的商业秘密，该企业将失去市场竞争优势。同样，客户将企业商业秘密透露给竞争对手，该企业也会面临严重的商业损失风险。

六、发表学术论文，散发产品介绍，泄露商业秘密

与很多专业人士面临的问题类似，研究人员应在追求学术成就和保护商业利益之间找到平衡。一些研究人员在展示研究成果时，由于过于关注学术声望，而忽略了保护商业秘密。

例如，某公司研发了一项新技术，可以大幅提升产品性能，具有极高的商业价值。该公司为了保护这项技术，仅向有关人员进行了限制性的披露，且与这些人员签署了保密协议。然而，该公司的一位研究员在参加国际学术会议时，为了展示其研究成果，公开披露了该项技术的详细细节。这一行为导致该公司的商业秘密被泄露，给公司造成了重大损失。该公司对这位研究员进行了追责，并要求他赔偿公司因技术泄露所遭受的经济损失。此后，公司开始增强内部员工的保密意识，明确规定了技术的披露范围和方式，并加强了对关键技术的保护措施，以避免类似事件再次发生。这个案例提醒企业和研究人员要重视保护商业秘密，特别是在展示技术成果时，要慎重考虑披露的程度和方式，避免信息泄露，同时企业应建立完善的技术保密制度。

研究人员在展示研究成果过程中，可以在保护核心技术细节的同时，着重介绍研究方法、实验设计和数据分析。这样既能展示研究人员的研究实力，又能保护企业商业利益。

七、参加鉴定会、送审批材料时泄露商业秘密

鉴定会是评价某项科技成果水平的重要途径。参加鉴定会的人员可能由于疏忽或其他原因，公开鉴定书中不应对外公开的技术信息，从而导致商业秘密被公开或被恶意使用，损害成果发明人的合法权益。类似的情况还可能出现在项目许可审批和认证过程中。企业为了取得许可和

企业商业秘密法律保护

通过认证，需要向国家行政部门提供相关的背景或备案材料，其中可能涉及企业商业秘密。如果这些材料没有得到妥善保管而被泄露，将对企业带来严重损失。因此，企业在参与鉴定会和提供备案材料时，应该加强保密意识，与员工签署保密协议，并采取必要的保密措施。

例如，某电子产品公司开发了一项领先于行业的新技术，该公司决定参加行业鉴定会来评估该技术的水平和可行性。该公司在会前与行业鉴定会签署了保密协议，技术细节仅限制在鉴定委员会成员范围内披露。但是，在鉴定会期间，一名不属于鉴定委员会的人员进入了会议室，并偷偷地拍摄了部分鉴定书内容。该人员泄露了这些信息，并将其提供给竞争对手。竞争对手利用这些信息，研发出类似的产品，挤占了该电子产品公司的市场份额。由于鉴定书中的部分技术信息被公开，该公司的技术优势消失，导致巨大的损失。类似情况也可能发生在企业提交备案材料的过程中。例如，一家医药公司申请新药上市前需要提交一系列材料和数据。这些材料和数据中包含商业秘密信息，如药物配方、生产工艺、临床试验结果等。如果这些材料没有得到妥善保管和使用，由于疏忽或其他原因被泄露，将给企业造成严重损失。

八、广告与展览造成商业秘密的泄露

广告和展览通常是企业促销的重要手段，但同时也可能给商业秘密保护带来困难。企业需要宣传其最新技术和产品，以提高其知名度和市场占有率。然而，这些技术信息的披露可能会泄露企业商业秘密。例如，一家汽车公司在展览会上展示了其最新的车型，并公开了发动机的技术细节，但没有采取措施防止其他厂商复制该技术。因此，其他竞争对手会通过这些信息复制或者改进自己的产品，从而削弱公司的市场竞争力。

除广告和展览外，企业还可能在其他场合面临类似的困境。例如，在新产品发布前，企业需要进行市场研究，了解潜在客户的需求和反馈。这种研究涉及新产品的具体信息和技术细节，若未加以保护就泄露，竞

58

争对手将加以利用。同样，在向合作伙伴或投资者展示业务计划或技术方案时，企业也需要谨慎行事。关键商业秘密信息被泄露，可能会损害企业商业利益。

九、利用高科技手段窃取商业秘密

现代科技的发展使窃取企业商业秘密的手段越来越高端，越来越隐蔽。突破企业防火墙，非法进入企业计算机信息系统窃取企业商业秘密，已经成为一种常见的窃密手段。黑客利用这种方式，窃取企业商业秘密，或者破坏企业的信息系统，对企业造成严重的损失。

另外，有些人可能会将小型、灵敏、精密的窃听器带入重要会议会场，进行窃听。这种窃听手段已经非常成熟，并且难以被察觉。有些人甚至会利用先进的无线电设备监听手机，拦截和破译电传、传真内容，从中窃取商业秘密。还有一些人会采取安装针孔摄像机等秘密方法，偷拍生产设备、生产过程，获取企业商业秘密。

在大数据时代，数据已成为企业提升竞争实力最重要的资源之一。许多企业的商业秘密，如设计图纸、源代码、数学模型、配方、药物试验数据、过程文件等，都以数字方式存储在企业内部服务器或私有云中。这些数据的价值和重要性不言而喻。然而，随着黑客所用技术手段不断升级，数据泄露已成为企业面临的最大安全问题之一。

数据泄露会导致许多法律问题，如身份盗窃、欺诈行为、数据滥用等。随着技术被广泛应用，黑客窃取或者破坏数据的机会增加，手段更加高明和隐秘，从而加剧了数据泄露的风险。企业必须认识到数据泄露的危害，并采取相应的措施来保护企业商业秘密和数据安全，比如制定安全策略、加强网络安全、备份数据、定期更新防病毒软件、加强员工教育等。

十、不注重涉密载体销毁环节的管理，造成商业秘密泄露

在企业的日常运营中，很多秘密信息都会以各种形式保存在涉密载体上，例如计算机硬盘、U盘、光盘、纸张等。随着技术的发展，很多涉密载体会被逐渐淘汰，变成废旧物品。但这些废旧物品中，可能仍然存有商业秘密信息。如果这些废旧物品未经处理就被随意丢弃，商业秘密就会存在泄露的风险。因此，企业必须重视废旧涉密载体的销毁环节，采取严格的管理措施。

1. 清除数据

对于计算机硬盘、移动存储设备等数字化载体，企业必须对其存储的数据全面清除，以防止数据恢复和泄密。通常采用数据擦除、磁盘加密和物理销毁等方式。

2. 销毁纸质文件

对于绘图稿件、设计方案、合同协议等纸质文件，企业必须进行碎纸处理或者采用其他方式销毁，以防止被未经授权的人士取得。在销毁过程中，还需要注意保密性，避免工作人员通过拍照等方式进行复制。

3. 分类销毁

不同类型的涉密载体，需要采用不同的销毁方式。例如，对于印刷品、废弃工业产品等，需要利用破碎机、压缩机等设备进行物理销毁。而对于可回收的涉密载体，例如金属零件等，需要采用专业的处理方式回收。

4. 安全储存

在销毁前，需要对涉密载体进行安全储存，以防止被未经授权的人员获取和利用。在储存过程中必须对涉密载体进行标记和登记，确保可以对其进行追溯和管理。

第四章 企业商业秘密保护的法律制度

第一节　企业商业秘密保护的法律基础

商业秘密对提高企业的竞争力和核心价值具有至关重要的作用，因此对其保护已经成为当今商业领域中的重要问题。《中华人民共和国反不正当竞争法》明确规定了商业秘密的法律定义和保护要求。在大数据时代，商业秘密泄露的风险不断增大，致使企业商业秘密保护变得更加紧迫和重要。进一步探索商业秘密保护的法律基础，有利于充分保护企业商业秘密，促进企业健康发展和创新创造。

一、国家法律

国家法律是保护企业商业秘密的根本手段，具体如图 4-1 所示。

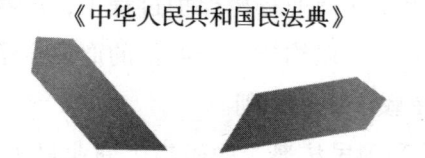

基本法律
《中华人民共和国民法典》

核心法律
《中华人民共和国反不正当竞争法》

强制法律
《中华人民共和国刑法》

图 4-1　国家法律对商业秘密的保护

（一）基本法律——《中华人民共和国民法典》

《中华人民共和国民法典》将商业秘密视为一种权益或法益，与著作权、专利等不同。《中华人民共和国民法典》对商业秘密的保护，通过对合同相对人的约束来实现。第五百零一条规定："当事人在订立合同过程中知悉的商业秘密或者其他应当保密的信息，无论合同是否成立，不得泄露或者不正当地使用；泄露、不正当地使用该商业秘密或者信息，造成对方损失的，应当承担赔偿责任。"知悉商业秘密的当事人，禁止以任何形式泄露商业秘密，即使合同不成立，义务也必须履行。如果对方因泄露商业秘密造成损失，应当承担赔偿责任。第八百七十一条规定："技术转让合同的受让人和技术许可合同的被许可人应当按照约定的范围和期限，对让与人、许可人提供的技术中尚未公开的秘密部分，承担保密义务。"这一规定在根本上保护了在技术转让过程中的企业商业秘密。

《中华人民共和国民法典》第一千一百八十五条规定："故意侵害他人知识产权，情节严重的，被侵权人有权请求相应的惩罚性赔偿。"商业秘密作为知识产权的一种，同样适用该法律规定。《中华人民共和国民法典》规定民事主体从事民事活动应当遵循自愿原则、公平原则、诚信原则。在商业竞争以及在商业秘密保护过程中，这些基本原则均应贯彻落实到整个商业体系中，以构建一个诚信的商业竞争环境。商业秘密的保护在很大程度上依赖于诚实原则。

《中华人民共和国民法典》明确指出商业秘密是知识产权的一部分，明确了权利人的权益，如商业秘密的获取、使用、披露等权利，也规定了侵权行为的法律责任，如恶意获取、使用、披露他人商业秘密的行为应承担民事责任等。这些规定不仅强化了商业秘密保护的效果，也促进了公正、公平的市场竞争环境的建设。

（二）核心法律——《中华人民共和国反不正当竞争法》

《中华人民共和国反不正当竞争法》是保护企业商业秘密的基本法律，明确规定了商业秘密的概念。《中华人民共和国反不正当竞争法》第九条规定："本法所称的商业秘密，是指不为公众所知悉、具有商业价值并经权利人采取相应保密措施的技术信息、经营信息等商业信息。"

《中华人民共和国反不正当竞争法》对商业秘密有较完整的保护模式。《中华人民共和国反不正当竞争法》第三十二条规定："在侵犯商业秘密的民事审判程序中，商业秘密权利人提供初步证据，证明其已经对所主张的商业秘密采取保密措施，且合理表明商业秘密被侵犯，涉嫌侵权人应当证明权利人所主张的商业秘密不属于本法规定的商业秘密。商业秘密权利人提供初步证据合理表明商业秘密被侵犯，且提供以下证据之一的，涉嫌侵权人应当证明其不存在侵犯商业秘密的行为：（一）有证据表明涉嫌侵权人有渠道或者机会获取商业秘密，且其使用的信息与该商业秘密实质上相同；（二）有证据表明商业秘密已经被涉嫌侵权人披露、使用或者有被披露、使用的风险；（三）有其他证据表明商业秘密被涉嫌侵权人侵犯。"在知识产权维权诉讼中，举证一直是一个难点，尤其在商业秘密保护方面更是如此。该规定旨在增强对商业秘密持有人的保护，减轻其举证的负担（搜证过程耗时且资源密集），也产生了一定的警示和遏制作用。原则上，只要当事人能够继续保持相关信息的机密性，就可以无限期地拥有该商业秘密。但是，由于商业秘密并非排他性权利，因此无法阻止他人通过合法的方式或途径进行反向工程或还原工程，破解商业秘密。或者可以这样解释，如果原告提供了已采取保密措施的证据，就应该推定存在商业秘密；如果被告认为所涉及的信息不构成商业秘密，则应该提供证据支持其抗辩主张。这种证明责任的转移只有在承认推定规则并确立明确的推定规则的前提下才能适用，这有助于提高各种知识产权民事和刑事案件审判的质量。

《中华人民共和国反不正当竞争法》是维护市场竞争秩序的基础性法律，可以通过民事、行政和刑事等手段调整和规范商业秘密侵权行为，更加有力地保护商业秘密权利人的合法权益。该法律不仅能够有效地结合"事前预防"和"事后救济"的措施，而且能够在商业秘密产生之前、使用过程中等各个环节对其进行保护。该法律还突出了其"公平性"特征，将市场规制过程中违背商业道德，甚至损害社会公共利益的行为上升到需要国家干预的程度，体现了以社会为本位的立法宗旨。该法律旨在追求秩序和公平，使商业活动在遵守规则和道德的基础上更为公平。

（三）强制法律——《中华人民共和国刑法》

1997年修订的《中华人民共和国刑法》第二百一十九条规定："有下列侵犯商业秘密行为之一，给商业秘密的权利人造成重大损失的，处三年以下有期徒刑或者拘役，并处或者单处罚金；造成特别严重后果的，处三年以上七年以下有期徒刑，并处罚金。"该规定明确指出，对于那些违反规定或者违反权利人有关保守商业秘密的要求，或者以任何不正当手段获取权利人商业秘密的行为，绝不姑息，以此强制手段，规定了对于商业秘密泄露的惩罚措施，进而起到保护商业秘密的作用。

2020年12月26日第十三届全国人民代表大会常务委员会第二十四次会议通过的《中华人民共和国刑法修正案（十一）》将刑法第二百一十九条修改为："有下列侵犯商业秘密行为之一，情节严重的，处三年以下有期徒刑，并处或者单处罚金；情节特别严重的，处三年以上十年以下有期徒刑，并处罚金。"该条规定第一项加入了电子侵入的内容，电子侵入是一种隐蔽、低成本和高收益的方式，可用于获取商业秘密，已成为侵犯商业秘密的重要手段，甚至呈现集团化和跨地区作案的趋势。为了应对这种情况，应采取严厉的规制措施。此外，还将"利诱"

方式修改为"贿赂、欺诈",更加明确地规定了《中华人民共和国刑法》打击的犯罪行为类型。相比之下,"利诱"作为罪状表述,具有很大的模糊性,其规范内涵一直存在争议。修订前,第三人侵犯商业秘密罪包括"明知"与"应知"两种形式,即故意和过失两种主观罪过形式。修订后,取消了第三人过失侵犯商业秘密行为,避免了主观上的不确定性和判决上的争议。

《中华人民共和国刑法修正案(十一)》删除了关于商业秘密的概念,实现了商业秘密侵权的民法治理和刑法治理的有效衔接。因为《中华人民共和国反不正当竞争法》中明确提出了商业秘密的概念和范围,所以在《中华人民共和国刑罚》中删除其定义,节约了立法成本,同时增强了民刑结合的系统性。商业秘密保护程序应适当简化和科学化,商业秘密已被正式确认为一种民事权利,刑法保护的法益则着重关注保护市场经济秩序的社会法益层面。从刑法体系来看,侵犯商业秘密罪规定在刑法分则的"破坏社会主义市场经济秩序罪"中,而非"侵犯财产罪"中,这意味着侵犯商业秘密罪所保护的法益重点是市场经济秩序。因此,司法人员在入罪时如果仍将侵犯商业秘密罪中刑法保护法益界定为一种个人财产法益,就会只考虑权利人的损失问题,而忽略其他"情节严重"的情形,从而影响规范目的的实现。为确保刑法对商业秘密的有效保护,司法人员需要深入理解商业秘密的本质和社会价值,将其纳入保护市场经济秩序的社会法益范畴,全面考虑案件的实际情况和社会影响,以实现刑法的规范目的。

《中华人民共和国刑法修正案(十一)》为侵犯商业秘密行为的刑法治理提供了合理的科学立法制度安排和规范基础,也为相关领域的刑事司法实践留下了充足的空间。从法治经验来看,只有立法与司法之间良性互动,才能真正实现商业秘密领域的良法善治。

二、地方法规和政策

在我国，各地经济发展水平不同，因此商业发展、企业合作等也会有区别，这就要求在国家法律基础上，各个地方根据不同的发展情况，推行各种适合本地具体实际的地方法规和政策，对当地的商业秘密保护提供法律基础。其主要作用体现在如图 4-2 所示的几个方面。

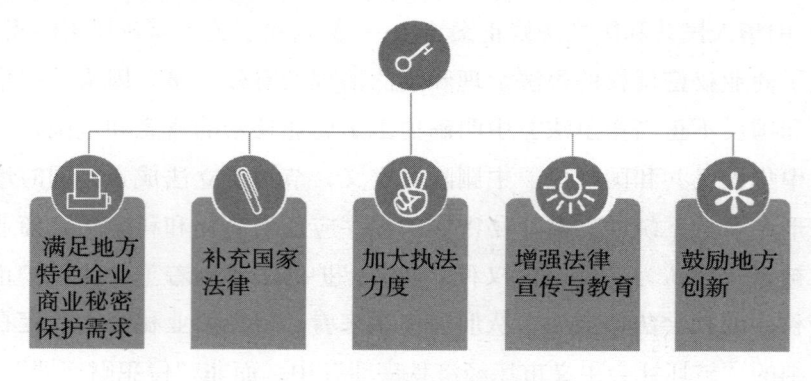

图 4-2 地方法规政策的作用解析

（一）满足地方特色企业商业秘密保护需求

不同地区拥有不同的主导产业或特色产业，这些产业的商业秘密保护需求有所不同。地方法规可以针对这些产业的特点，制定商业秘密保护措施，以确保各类企业的商业秘密得到有效保护。不同地区的经济发展水平存在差异，这会影响商业秘密保护的需求和方式。在经济发展较快的地区，地方法规需要关注技术创新和知识产权保护的，而在经济发展相对滞后的地区，地方法规则需要重视基础的商业秘密保护和企业自我保护能力的培养。地方文化传统也会影响地方政府对商业秘密保护的认知和重视程度。地方法规需要充分考虑这些文化差异，加强法律宣传和教育工作，提高公众对商业秘密保护的认识，从而增强企业的自我保护意识和能力。地方政府还可以根据自身发展战略，制定一系列相关政策，以支持某些产业或领域的发展。这些政策应与地方法规相结合，针对特定产业或领域的商业秘密保护进行细化规定，从而增强政策的执行效果。地方法规在维护本地企业利益的同时，应兼顾跨地区合作与竞争的需求，以实现经济活动的公平和可持续发展。

（二）补充国家法律

基于国家法律，地方法规进一步明确了商业秘密保护的概念和范围。对于商业秘密的定义、构成要件和保护期限等方面，地方法规可以结合地方实际情况，给出更加明确的规定，以便于企业和执法部门在实际操作中进行准确判断和有效执行，同时提供更加具体的商业秘密保护措施，其中包括企业内部管理的要求、保密协议的签订和执行、商业秘密侵权行为的认定和追责等方面。对这些内容进行细化，可以帮助企业更好地遵循法律规定，提高商业秘密保护的有效性。另外，地方法规可以为商业秘密保护的执法工作和司法工作提供指导和依据。执法部门和司法部门在判断和处理商业秘密侵权案件时，往往需要依据具体的法律规定。地方法规可以为这些部门提供更具针对性和操作性的依据，提高执法和司法的公正性和效率。

（三）加大执法力度

地方政府可以设立专门的执法部门或者加强现有执法部门的职能，推动商业秘密保护相关工作。这些部门负责监督企业的商业秘密保护措施、处理商业秘密侵权案件。专门的执法部门有利于提高执法效率和专业性，确保商业秘密得以保护。对于商业秘密泄露，地方法规可以在国家法律的基础上规定适合本地的处罚措施，以对侵犯商业秘密的行为产生足够的威慑力。这些处罚措施包括经济罚款和行政处罚等。地方政府还可以通过完善地方法规，鼓励企业积极参与商业秘密保护工作。例如，制定奖励机制，表彰在商业秘密保护方面表现突出的企业，或者为这些企业提供税收优惠等政策支持。这有助于激发企业的积极性，提高整个社会对商业秘密保护工作的关注度。

（四）增强法律宣传与教育

地方政府和有关部门可以制订和实施一系列针对商业秘密保护的法律宣传和教育计划，比如可以组织培训班、讲座、研讨会等活动，向企业管理者、员工和公众传播商业秘密保护的相关知识和法律规定，让企业和个人了解商业秘密保护的重要性，增强法律意识，还可以利用各种媒体平台，如报纸、电视、网络等，进行广泛的商业秘密保护宣传。宣传内容可以是法律条文、案例分析等，详细解读地方法规的具体内容，宣传形式可以是公益广告、宣传片等，以更通俗易懂的方式向公众传递商业秘密保护的理念和意义。地方政府还可以与企业、行业协会等社会组织合作，共同开展商业秘密保护的法律宣传和教育工作。合作内容包括共同举办活动、开发培训材料、提供法律咨询服务等。地方政府通过资源整合和合作共建，可以进一步提高商业秘密保护的法律宣传和教育效果。

（五）鼓励地方创新

地方政府充分保护商业秘密能够为企业提供一个安全稳定的创新环境。企业在开展研发和创新活动时，往往需要投入大量的时间、资金和人力。地方法规的制定和实施有助于确保企业的核心技术和商业信息不被侵犯，从而降低创新风险，激发企业研发和创新热情。地方法规可以为企业提供明确的知识产权保护指南。在地方法规的指引下，企业可以更深入地了解如何保护自身的技术成果、商业信息以及其他形式的知识产权。这有助于企业充分利用现有的法律资源，加强自身的知识产权保护，从而为企业的持续创新提供坚实的保障。另外，地方法规可以结合本地具体情况做出规定，更好地鼓励企业之间的技术合作与交流。在商业秘密得到充分保护的基础上，企业可以放心地进行技术合作、知识共享以及人才流动等活动。这有助于打破行业壁垒，提高整个地区的创新能力和竞争力。地方法规还可以制定奖励和支持政策，刺激企业进行创新。例如，对于在技术创新和知识产权保护方面表现突出的企业，地方政府可以采取资金支持、税收优惠或其他形式的激励措施。这有助于进一步提高企业的创新积极性，推动地方经济的持续发展。

三、合同约定

企业之间可以通过签订商业秘密保护合同来保护商业秘密。商业秘密保护合同是指明确规定企业双方商业秘密保护责任和义务的合同。该合同为商业秘密保护提供了法律依据。

商业秘密保护合同中包括商业秘密的定义、保密义务、违约责任等内容，明确了商业秘密的范围、保护措施以及泄露或侵犯商业秘密的后果。签订合同可以使企业之间达成共识，明确各自的权利和义务，有助于提高商业秘密的保护水平。合同约定是企业之间达成协议的一种方式，一旦签订合同，双方应当遵守合同约定。如果一方违反了合同中的保密义务，另一方可以依据合同中的条款要求对方承担违约责任，并寻求法律救济，保护自己的商业秘密。

商业秘密保护合同可以加强企业对商业秘密的保护。通过签订商业秘密保护合同，企业可以要求合同另一方承担保密责任，采取合理的保密措施，避免商业秘密泄露。这不仅可以保护企业自身的商业利益，还可以为企业与其他企业进行商业合作提供一定的保障，促进商业合作。商业秘密保护合同是一种公开的承诺，可以展示企业对商业秘密保护的重视程度，提高合作伙伴对企业的信任度和认可度。这有助于企业在商业活动中树立良好的信誉形象，提高企业的市场竞争力。通过签订商业秘密保护合同，企业可以加强对商业秘密的保护，降低商业秘密泄露的风险，也可以为自己的商业活动提供法律保障。

第二节　企业商业秘密保护的法律措施

商业秘密是企业的核心资产和竞争优势，因此保护商业秘密对企业的发展至关重要。为了确保商业秘密的安全，各国都建立了相应的法律制度来规范商业秘密的保护和管理。企业商业秘密保护的法律制度包括多方面内容，从明确保护主体和保护对象到规定保密义务、权利保护、内部保密管理制度、协议约定、国际合作和协调等。在这些法律制度的基础上，企业可以采取各种措施来确保商业秘密的安全，维护企业的商业利益和竞争优势。具体措施如图4-3所示。

第四章 企业商业秘密保护的法律制度

```
企业商业秘密保护的法律措施
├── 保护主体和保护对象
├── 保护措施
│   ├── 技术保护
│   ├── 管理保护
│   └── 法律保护
├── 保密义务
│   ├── 员工
│   ├── 供应商
│   ├── 代理商
│   └── 第三方机构
├── 权利保护
│   ├── 知识产权法保护
│   └── 不正当竞争法维权
├── 诉讼和解
│   ├── 民事诉讼
│   ├── 行政诉讼
│   ├── 仲裁
│   └── 调解
├── 内部保密管理制度
│   ├── 建立保密责任制度
│   ├── 制定保密培训制度
│   ├── 建立保密审查制度
│   └── 加强保密措施
├── 协议的约定
└── 国际合作和协调
```

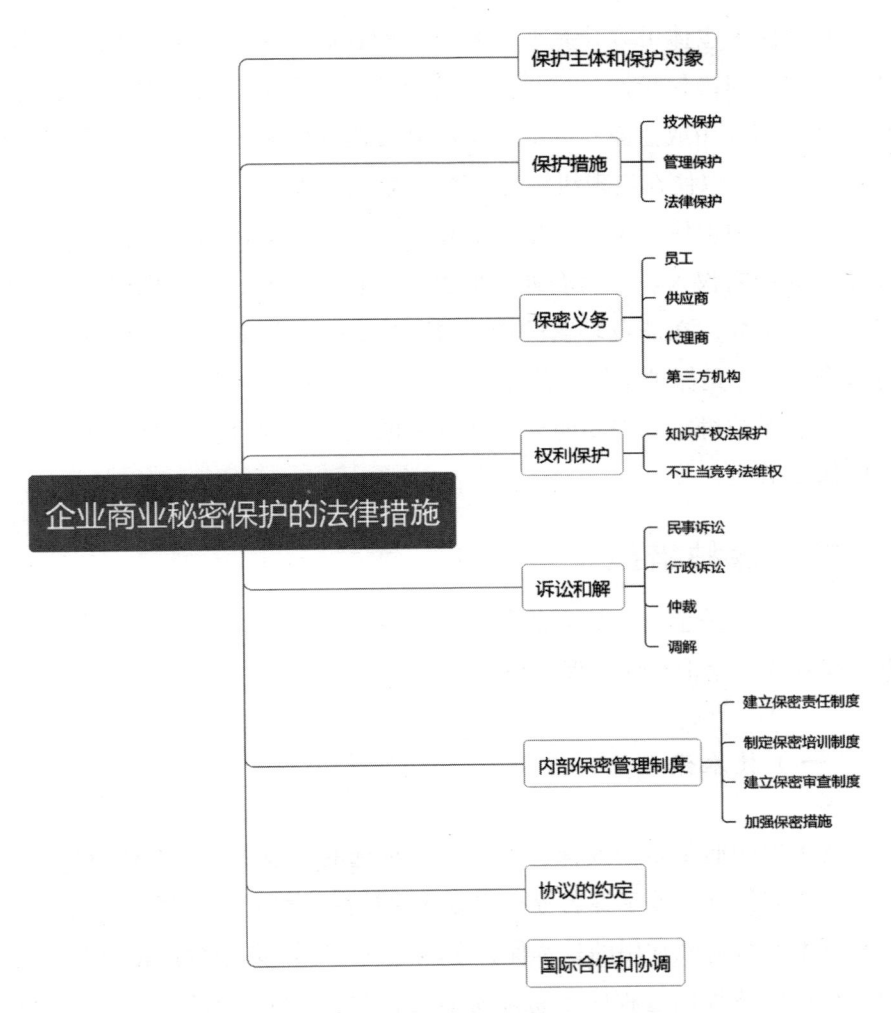

图 4-3 企业商业秘密保护的法律措施

一、保护主体和保护对象

保护主体和保护对象是企业商业秘密保护的重要概念。保护主体通常是企业，是商业秘密的拥有者和掌握者。

保护对象则是商业秘密本身，其涉及的范围非常广泛，包括销售策略、供应链管理、商业计划、财务信息、客户信息等。

明确保护主体可以让企业清楚自己的权利和义务，从而更好地保护商业秘密。明确保护对象则可以使商业秘密得到更好的保护，避免商业秘密被不当利用或泄露。因此，法律制度需要明确商业秘密的保护主体和保护对象，以便在出现纠纷时能够明确责任归属。

对于保护主体，需要根据商业秘密的特点和具体情况加以确定。商业秘密的所有权人一般为企业，但也可能包括政府、研究机构、非营利组织等。例如，在商业秘密的产生过程中，可能涉及多个合作方，那么这些合作方也是保护主体，其保密责任和义务应加以明确。

对于保护对象，需要明确商业秘密的范围和内容，以便对其采取相应的保密措施。

二、保护措施

保护措施是企业保护商业秘密的重要手段。为了有效地保护商业秘密，企业需要采取相应的保密措施。

（一）技术保护

技术保护通常是企业保护商业秘密首选的手段之一。企业可以通过加密、访问控制、数字签名等技术方式保护商业秘密的机密性和完整性。加密技术是目前最常用的技术保护手段之一。它将原始数据转换为密文，使其在传输或存储过程中不易被窃取或篡改。加密技术种类繁多，常用的加密技术有对称加密算法和非对称加密算法。对称加密算法使用相同的密钥加密和解密数据，而非对称加密算法则需要一对公私密钥进行加密和解密。

除了加密技术，访问控制也是技术保护的一种常见手段。访问控制可以限制对商业秘密的访问，从而防止未经授权的人员获得商业秘密。访问控制分为身份验证和授权两个步骤。身份验证用来确定用户的身份，通常使用用户名、密码、指纹等方式进行验证；而授权则用来确定用户可以访问的资源和操作权限。

（二）管理保护

管理保护是企业保护商业秘密的另一个重要手段。管理保护是指企业建立完善的保密制度和管理流程，从而保护商业秘密的措施。企业可以通过制定保密制度、签署保密协议、人员管理等手段来管理商业秘密。

建立科学、合理、有效的保密制度是管理保护的基础。保密制度应该根据企业的具体情况和商业秘密的特点而确定，确定保密责任人和保密管理机构，并明确保密的内容、范围和保密期限等。保密制度应该涵盖商业秘密获取、存储、传输、使用、销毁等各个环节的规定。同时，企业应该加强员工的保密意识培养以及员工的保密教育，让员工认识到商业秘密对于企业的重要性，避免因为员工的疏忽导致商业秘密的泄露。

保密协议是企业与相关人员签署的一种保密合同，约定双方在商业秘密保护方面的权利和义务。保密协议通常分为两种类型：一种是企业内部签署的保密协议，另一种是企业与外部合作伙伴签署的保密协议。企业内部签署的保密协议是企业与员工签署的保密协议，约定员工在工作期间及离职后的保密义务和责任，确保员工不会泄露企业商业秘密。企业与外部合作伙伴签署的保密协议，约定了对方在商业合作中应该遵守的保密规定，保证商业秘密不会因为合作伙伴的失误或故意行为而泄露。

人员管理是管理保护的重要组成部分。企业应该严格控制商业秘密的访问权限，确保只有授权人员才能访问商业秘密。企业还应该对员工的操作行为进行监控，对发现的异常行为及时进行处理和纠正。企业还需要通过培训和教育等手段增强员工对商业秘密的保密意识，让他们认识到商业秘密的重要性，从而更好地遵守保密制度和保密协议。企业还可以通过人事管理等手段，对员工进行评估和奖惩，激励员工自觉遵守保密制度和保密协议。保密文化的建立需要全员参与，如此才能更好地保护商业秘密。

（三）法律保护

法律保护是商业秘密保护的最后一道防线。商业秘密的保护主要依赖相关法律制度的建立和完善，同时需要相关执法机构对侵犯商业秘密行为进行打击和惩处。

在不同国家和地区，商业秘密的保护法律和法规有所不同。例如，在美国，商业秘密主要由《经济间谍法》和《统一商业秘密法》等法律和法规来保护。而在欧洲，商业秘密主要由《商业秘密保护指令》等相关法律和法规来保护。在中国，商业秘密保护的主要法律法规包括《中华人民共和国反不正当竞争法》《中华人民共和国商标法》《中华人民共和国专利法》等。

如果商业秘密被侵犯，企业可以通过民事诉讼、刑事诉讼等法律途径维护自身权益。

例如，通过法院起诉侵犯商业秘密的人或机构，要求其停止侵权行为、赔偿损失等。一些国家和地区还建立了商业秘密保护监管机构，例如在美国，美国联邦贸易委员会和司法部门等机构就是负责商业秘密保护的重要机构。

在进行商业秘密保护时，企业需要遵守相关法律和法规，避免违法行为。

三、保密义务

保密义务指员工、供应商、代理商等与企业有商业合作关系的各方应该遵守的保护商业秘密的义务。不仅企业需要承担商业秘密保护的责任，与企业有商业合作关系的员工、供应商、代理商等各方也应该承担相应的保密义务。这些合作伙伴可能会接触到企业商业秘密信息，例如销售策略、客户信息、供应链管理等，因此需要履行商业秘密保密义务，保护企业商业秘密不被泄露或滥用。

保密义务是企业员工工作职责的一部分。企业需要向员工提供保密培训，让他们了解商业秘密的重要性，以及如何保护商业秘密。企业还需要制定保密制度，明确员工的保密责任和义务，并建立监督机制。如果员工违反保密义务，企业有权采取相应的法律措施进行维权。

对于供应商和代理商等合作伙伴，保密义务通常是通过合同规定的。企业需要在合同中明确保密条款，要求合作伙伴保护商业秘密，不得泄露或滥用商业秘密，并规定相应的违约责任和法律责任。企业也需要对合作伙伴进行保密培训，让他们了解保密义务，并对合作伙伴的保密措施进行监督和管理。

第三方机构，例如专利代理机构、会计师事务所等，也需要承担保密义务。企业需要在合作协议中明确保密条款，要求第三方机构保护商业秘密，不得泄露或滥用商业秘密，并明确相应的违约责任和法律责任。

保密义务的履行需要依靠法律制度的约束。法律制度应规定保密协议的内容、违约责任等，同时对违反保密义务的行为进行制裁。企业应该加强对保密制度的宣传，增强员工、供应商、代理商等各方的保密意识，确保商业秘密得到有效的保护和管理。

四、权利保护

商业秘密的权利保护主要涉及知识产权保护和不正当竞争行为维权两个方面。

（一）知识产权保护

对于商业秘密中的技术信息，企业可以通过申请专利保护。某项技术获得专利后，企业可以禁止他人在未经授权的情况下使用该技术，从而保护企业的技术创新成果。如果他人在未经授权的情况下使用了企业的专利技术，企业可以通过诉讼等方式追究其法律责任。

商业秘密文档、软件程序等也可以通过知识产权法进行保护。企业可以通过申请著作权保护商业秘密文档、软件程序等。如果他人在未经授权的情况下侵犯了企业的著作权，企业可以通过法律手段维护其合法权益。

（二）不正当竞争行为维权

不正当竞争行为是指在市场经济竞争中，企业或者其他经营者采用欺骗、恶意诋毁、恶意比较、虚假宣传等不正当手段，影响公平竞争的行为，包括但不限于以下几种。

（1）假冒、混淆商品的行为。例如，在商品上标注与竞争对手相似的商标、名称等。

（2）恶意比较商品的行为。例如，在广告中与竞争对手比较商品质量、价格、服务等，但其比较内容不真实或者存在误导性。

（3）抄袭他人商业秘密的行为。例如，竞争对手从企业离职员工那里获取商业秘密，或者通过其他途径非法获得他人商业秘密。

不正当竞争行为会导致市场竞争不公平，侵犯企业商业权益，因此企业可以通过《中华人民共和国反不正当竞争法》维护自己的合法权益。当企业发现竞争对手采用不正当竞争手段侵犯自己的商业秘密时，可以向行政部门投诉举报，也可以通过诉讼途径维权。

在维权过程中，企业需要自行承担维权的成本和风险，因此在维权前需要权衡各种因素，例如成本、效果、风险等。此外，为了最大限度地保护自己的商业秘密，企业在日常经营中应加强保密意识和管理，建立完善的商业秘密保护制度，做好商业秘密的分类、标记、备份、访问控制等工作，减少商业秘密泄露的风险。

五、诉讼和解

当商业秘密被侵犯后，企业需要通过法律手段来维护其合法权益。诉讼和解是一个重要的解决纠纷的方式。具体来说，诉讼和解包括以下途径。

（一）民事诉讼

这是企业起诉商业秘密侵权者的法律程序。在进行民事诉讼时，企业可以向法院提出商业秘密侵权的起诉，法院将根据证据和相关法律规定判定侵权行为的性质和后果，并对侵权方进行相应的制裁。民事诉讼一般由企业委托律师代理，在法院提起诉讼，对被告进行起诉。在诉讼过程中，律师需要提供相关证据，包括商业秘密的具体内容、保密措施、侵权事实等，以证明商业秘密确实被侵犯或泄露，并请求法院做出相应的判决。如果对判决结果不满意，可以进行上诉。

（二）行政诉讼

这是企业向行政机关申请行政救济的程序。在行政诉讼时，企业可以向相关行政机关提出商业秘密侵权的投诉或申诉，行政机关将对投诉或申诉进行调查并给予侵权者相应的行政处罚或为企业提供补救措施。行政处罚包括罚款、行政拘留等，行政补救措施包括恢复商业秘密的秘密性、撤销商业秘密的侵权行为等。行政诉讼通常由企业的律师代理，需要提供相关证据，例如侵权事实、商业秘密的具体内容、损失情况等。

（三）仲裁

仲裁是通过专业的仲裁机构对商业秘密纠纷进行调解和解决的程序。在仲裁时，企业可以向专业的仲裁机构提交商业秘密纠纷的申请，仲裁机构将依据相关法律和证据，对商业秘密侵权行为进行裁决，企业和侵权方都必须遵守仲裁结果。仲裁是一种非诉讼的解决纠纷方式，相比诉讼，仲裁具有程序简便、效率高等优点。企业需要选择一家权威的仲裁机构，按照仲裁机构的规定进行仲裁申请和仲裁程序，以保护自己的商业秘密权益。仲裁机构一般由双方协商选择，可以根据具体情况制定仲裁规则，然后由仲裁员处理纠纷，仲裁结果具有强制力，对双方都具有法律约束力。但是，仲裁的费用一般较高，而且可能存在对诉讼方不公平对待等问题。

（四）调解

在商业秘密侵权纠纷中，企业可以通过调解的方式与侵权行为人进行协商，达成双方都能接受的解决方案，以达到维护自己商业秘密权益的目的。调解过程一般由双方协商在律师的协助下进行。调解的结果可以是双方协商一致达成和解协议，也可以是由调解员做出裁决。调解程序通常较为灵活，可以快速解决争端，并且具有保密性，可以避免商业秘密进一步曝光。但是，调解的结果一般没有法律约束力，如果协议达不成或者协议被违反，企业仍需要通过其他法律手段进行维权。

六、内部保密管理制度

确立内部保密管理制度是商业秘密保护的重要手段，能够保证企业商业秘密不被泄露。具体而言，确定内部保密管理制度包括以下几个方面。

(一)建立保密责任制度

保密责任制度是企业内部保密管理制度的重要组成部分。第一,在建立保密责任制度时,企业应首先确定保密制度。这意味着企业需要制定一个清晰的保密方针,以确保所有员工都能理解保密工作的重要性。保密制度包括商业秘密的定义、保密范围、保密等级等内容。此外,企业还应当明确商业秘密的保护目标、责任人以及保密措施等方面的内容。第二,企业需要指定专门的人员负责保密工作,并明确这些人员的保密职责和权限。这些人员需要有充分的保密意识和专业知识,能够对商业秘密进行有效保护。他们还应该定期向上级主管汇报保密情况,并且定期接受保密教育培训,以确保保密工作持续推进。第三,企业应该制定一系列的保密规定,确保所有员工都遵守相应的保密程序。这些规定应该包括商业秘密的保护措施、处理机密文件和信息的程序等。企业还应该制定保密工作的考核制度,以便对员工的保密工作进行评估和改进。

(二)制定保密培训制度

保密培训制度是企业内部保密管理制度的重要组成部分。培训能够使员工意识到商业秘密的重要性和保密责任,增强他们的保密意识和保密能力,从而减少商业秘密泄露的风险。制定保密培训制度时,首先需要确定培训的对象和内容。培训对象一般包括所有接触商业秘密的员工,如研发人员、销售人员、采购人员等。培训内容包括商业秘密的定义和范围、保密责任、保密措施和泄密风险等方面。其次还应当确定培训的形式和频率。培训形式包括课堂培训、在线培训、现场观摩等,根据具体情况选择最适合的方式。培训频率应该根据企业的实际情况确定,一般定期进行培训,例如每年或每季度。除了定期培训,还应该进行新员工入职培训和临时员工培训。新员工入职培训应包括商业秘密的概念、范围和保密责任等方面的培训，以及保密制度和保密规定的介绍。临时员工培训则应根据具体情况进行，确保他们了解必要的商业秘密保密措施和保密要求。最后需要建立培训考核和反馈机制，以确保培训效果。培训考核可以通过测验、问卷调查等方式进行，应加强对考核不合格的员工的培训和监管。

（三）建立保密审查制度

企业应该建立保密审查制度，对所有涉及商业秘密的活动进行审查。建立这个制度的目的是确保商业秘密不被泄露、披露或者利用。

建立保密审查制度的首要任务是建立保密审查的标准和流程。企业应该制定具体的保密审查标准，确保对所有涉及商业秘密的活动进行审查。这些标准应该包括审查的活动类型、程序、流程、时间等。审查过程中需要注意审查的及时性、准确性、严密性。审查标准还应明确保密审查的权限和责任，明确保密审查的参与部门与参与人员。其次，企业还应建立保密审查记录。企业应该对审查过程进行记录，确保审查的结果和过程可追溯。审查记录包括审查的时间、对象、内容、结果等信息。最后，企业应建立保密审查结果的反馈机制，及时将审查结果告知相关人员，确保他们及时改正发现的问题。

（四）加强保密措施

在技术保护方面，企业可以采用加密技术对商业秘密进行加密处理，以防止未经授权的人员获取和使用。另外，访问控制技术也是一种常用的技术保护手段，可以限制员工对商业秘密的访问，避免商业秘密被未授权人员获取。对于重要的商业秘密，企业可以考虑使用物理隔离等措施来加强保护。

在管理保护方面，企业应制定健全的保密制度和保密协议，以确保商业秘密得到更加有效的保护。保密制度应包括商业秘密的分类、等级、保密期限、保密责任、保密措施等方面的规定，以确保商业秘密得到妥善的管理和保护。保密协议应明确企业、员工以及合作伙伴的保密义务和责任，以确保商业秘密不被泄露。此外，企业还应加强商业秘密的存储和传输管理，对商业秘密的存储进行严格的访问控制和备份，对商业秘密的传输采取加密等安全措施，以确保商业秘密不被泄露或篡改。

企业应建立健全的应急预案和危机处理机制，以便发生商业秘密泄露等紧急情况能够及时应对。应急预案包括预警、反应、处理等方面的内容，要求企业在紧急情况发生时能够快速、有效地响应和处理。危机处理机制包括事件调查、信息处理、声誉管理等方面的内容，要求企业发生商业秘密泄露等突发事件时能够及时应对，最大限度地减少损失。

七、协议的约定

商业秘密保护协议是企业与员工、供应商、代理商等各方签订的合同、协议，其作用是建立保密制度，保护企业商业秘密不被泄露。该协议应当具体、明确、详细，应当准确界定商业秘密的范围和内容，应当规定各种技术保护、管理保护和法律保护措施等，还应当规定商业秘密的使用范围和使用方式，以及商业秘密的归属等。

商业秘密保护协议应当明确各方的保密义务和违约责任。保密义务包括禁止各方泄露、披露或利用商业秘密，并规定各方采取何种措施保护商业秘密。违约责任应当明确违反保密义务的一方应当承担的赔偿责任，包括但不限于承担经济损失、赔偿利润损失、承担违约金等。

此外，商业秘密保护协议还应当规定争议解决方式和解决程序。例如，可以采取仲裁、调解等争议解决方式。解决程序应当规定解决争议的具体流程和时限等。

商业秘密保护协议的签订还应当遵循自愿、公平、平等的原则。在签订协议之前,双方应当充分了解协议内容,对协议中的各项约定达成共识。签订协议之后,各方应当严格遵守协议中的约定,履行各自的义务和责任,确保商业秘密得到妥善保护。

八、国际合作和协调

随着经济的全球化,企业需要在跨国业务中进行商业秘密保护。

企业参与制定国际条约和协议是商业秘密保护的重要手段。通过参与制定国际条约和协议,企业可以更好地了解国际标准和最佳实践,有效地保护其商业秘密。例如,TRIPS协议是一项旨在规范国际贸易,保护知识产权的国际协议。企业可以参与制定TRIPS协议等国际条约和协议,并将它们作为制定企业商业秘密保护制度的参考标准。企业也应当积极履行国际条约和协议所规定的义务和责任。例如,在TRIPS协议下,成员国必须确保知识产权的有效保护,包括商业秘密的保护。

企业可以与其他国家的机构或组织进行双边或多边合作,以更好地保护商业秘密。这种合作可以采用多种方式,例如签订合作协议、共享情报等。通过这些合作,企业可以了解其他国家的商业秘密保护制度和做法,从而更好地保护自己的商业秘密。签订合作协议是一种常见的方式。合作协议可以明确各方在商业秘密保护方面的责任和义务,以及合作方式和具体内容等。例如,企业可以与其他国家的机构或组织合作,共同开展商业秘密保护的研究和培训工作,以提高企业的保密能力和水平。企业还可以与其他国家的机构或组织共享商业秘密保护方面的情报,以便采取更加有效的保护措施。在共享情报的过程中,企业需要注意信息的安全性和保密性,以免商业秘密泄露。

第三节　企业商业秘密保护的法律责任

企业商业秘密保护的重要性不仅在于企业保护自身的商业利益，也在于企业应承担相应的法律责任。侵犯商业秘密的行为人将面临多种类型的法律责任，包括民事责任、行政责任、刑事责任、合同责任和其他责任等。企业应充分了解和遵守相关法律法规，以有效降低法律风险，确保商业秘密得到充分保护。下面将逐一介绍企业商业秘密保护的不同法律责任，如图4-4所示。

1　商业秘密侵权行为的民事责任

2　商业秘密侵权行为的行政责任

3　商业秘密侵权行为的刑事责任

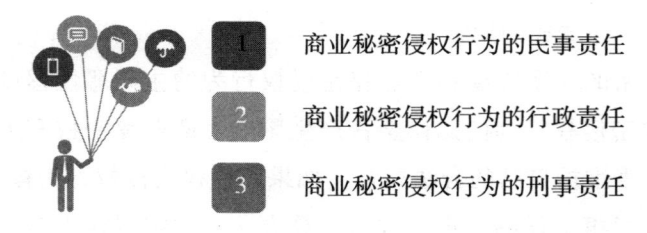

图4-4　企业商业秘密保护的法律责任

一、商业秘密侵权行为的民事责任

商业秘密侵权行为的民事责任承担形式包括以下几种。

（一）赔偿经济损失

赔偿经济损失是商业秘密侵权行为的主要民事责任。

在商业秘密侵权案件中，商业秘密权利人需要提供充分的证据，证明商业秘密被泄露所造成的损失和侵权行为人的过错。同时，商业秘密侵权案件的赔偿金额应当合理，不能过高或过低。赔偿金额过高会对侵权人的生活和工作造成较大的影响，而赔偿金额过低则无法有效地保护商业秘密权利人的合法权益。

（二）停止侵权行为

商业秘密权利人可以要求侵权人停止侵犯商业秘密的行为，并采取必要的措施防止侵权行为的继续发生。

（三）消除影响和恢复名誉

商业秘密权利人可以要求侵权人消除影响和恢复名誉。消除影响是指消除商业秘密被泄露所造成的影响，恢复名誉是指消除侵权人对商业秘密权利人声誉造成的损害。

商业秘密的保密程度和商业秘密侵权行为的主观恶性程度等因素也会对商业秘密侵权行为的赔偿金额产生影响。商业秘密权利人可以向法院提起诉讼来维护自己的合法权益。如果商业秘密侵权行为被判定成立，法院将依据民事责任的承担形式和计算方法，判定侵权人需要承担的赔偿和其他法律责任。

二、商业秘密侵权行为的行政责任

（一）行政责任的定义和法律基础

商业秘密侵权行为的行政责任是指行政机关依据相关法律规定对侵犯商业秘密行为人进行的处罚和制裁。其法律基础是《中华人民共和国反不正当竞争法》《中华人民共和国商标法》《中华人民共和国专利法》等法律法规的相关规定。

《中华人民共和国反不正当竞争法》第二十一条规定了侵犯商业秘密要承担的行政责任，即"经营者以及其他自然人、法人和非法人组织违反本法第九条规定侵犯商业秘密的，由监督检查部门责令停止违法行为，没收违法所得，处十万元以上一百万元以下的罚款；情节严重的，处五十万元以上五百万元以下的罚款"。依据《中华人民共和国商标法》的规定，商标权人可以向有关行政部门申请采取措施保护其商业秘密，行政部门可以责令行为人停止侵犯商业秘密的行为，扣押、查封侵犯商业秘密的物品等，并处以罚款。依据《中华人民共和国专利法》的规定，专利权人可以向行政部门申请采取措施保护其专利权利益，行政部门可以责令行为人停止侵犯专利权的行为，并可以处以罚款。

（二）行政处罚的种类

行政处罚是行政机关依法对行政违法行为人采取的强制措施。在商业秘密保护中，行政机关可以采取多种形式的行政处罚措施，如图4-5所示。

图4-5 行政处罚主要种类

1. 责令停止侵权行为

行政机关有权要求商业秘密侵权者立即停止侵权行为，以保护商业秘密权利人的合法权益。如果侵权者不停止侵权行为，行政机关可以采取其他强制性措施予以制止。

2. 没收违法所得

行政机关可以没收商业秘密侵权行为人通过侵犯商业秘密获得的违法利益。这种处罚措施不仅对侵权行为人进行了惩罚，还可以将没收的违法所得回馈给商业秘密权利人，使其获得一定的补偿。

3. 行政罚款

罚款是指行政处罚主体对被处罚人做出的让其承担金钱支付义务的行政处罚形式，行政机关可以对商业秘密侵权行为人进行一定数额的罚款。罚款不仅可以起到惩罚侵权行为人的作用，还可以制约其侵犯行为，从而维护商业秘密权利人的合法权益。

4. 扣押、查封侵权物品

行政机关可以对商业秘密侵权行为人的物品进行扣押、查封等，以保护商业秘密权利人的合法权益。这种措施可以防止侵权行为人在商业秘密侵权案件中销毁证据或继续侵权行为。

5. 吊销许可证、营业执照

面对严重的商业秘密侵权行为，行政机关可以吊销侵权行为人的许可证、营业执照，以维护市场秩序和公平竞争环境。这种措施可以有效地阻止侵权行为人继续从事商业活动，也可以起到警示其他商家的作用，进而维护市场秩序的公平和公正。

行政机关在采取行政处罚措施时，必须遵守法律法规，依法行使行政权力，不得超越或滥用职权。行政机关必须依法采取相应的证据采集、听证、调查等程序，确保当事人的权利得到保障。行政机关还必须在行政处罚决定中注重权利平衡和合理性原则，充分考虑当事人的合法权益，避免对其造成不必要的损失或者影响。

在商业秘密侵权案件中，虽然行政机关可以采取的行政处罚措施包括责令停止侵权行为，没收违法所得，行政罚款，扣押、查封侵权物品以及吊销许可证、营业执照等，但是行政机关必须根据具体情况和法律规定，合理选择和运用行政处罚措施，以确保行政处罚的合法性和有效性。

（三）行政责任和民事责任的关系和协同作用

当商业秘密侵权行为发生时，商业秘密权利人可以选择向行政机关提起行政诉讼，也可以选择向人民法院提起民事诉讼，以保护自己的合法权益。行政责任和民事责任在商业秘密保护中发挥着不同的作用，但也具有一定的协同作用。在商业秘密侵权案件中，行政机关可以对侵权行为人进行行政处罚，以制止和惩罚侵权行为。商业秘密权利人也可以通过民事诉讼，要求侵权行为人赔偿因侵权行为造成的损失，并要求其停止侵权行为。

行政处罚和民事赔偿的性质不同，但在保护商业秘密权利人的合法权益方面，两者具有一定的重叠和互补关系。例如，当商业秘密侵权行为人侵犯商业秘密的行为属于违法行为时，商业秘密权利人既可以向行政机关申请行政处罚，也可以向法院起诉，要求进行民事赔偿。在这种情况下，行政处罚和民事赔偿可以相互协同，起到更加有效的保护商业秘密权利人的合法权益的作用。

商业秘密权利人在起诉侵权人要求赔偿损失时，需要提供充分的证据。而在行政处罚中，行政机关会对商业秘密侵权行为进行调查和取证，并依法采取相应的处罚措施。而这种调查和取证会为商业秘密权利人提供一定的证据支持，进而为商业秘密权利人的民事诉讼提供有力的帮助。

三、商业秘密侵权行为的刑事责任

（一）刑事责任的定义和法律基础

商业秘密侵权行为的刑事责任是指在商业活动中，因对他人合法拥有的商业秘密进行非法获取、使用、披露或者非法提供的行为，触犯刑法规定而应当承担的刑事责任。

《中华人民共和国刑法》对商业秘密侵权行为作出明确规定，2020年修订后的《中华人民共和国刑法》第二百一十九条规定："有下列侵犯商业秘密行为之一，情节严重的，处三年以下有期徒刑，并处或者单处罚金；情节特别严重的，处三年以上十年以下有期徒刑，并处罚金：（一）以盗窃、贿赂、欺诈、胁迫、电子侵入或者其他不正当手段获取权利人的商业秘密的；（二）披露、使用或者允许他人使用以前项手段获取的权利人的商业秘密的；（三）违反保密义务或者违反权利人有关保守商业秘密的要求，披露、使用或者允许他人使用其所掌握的商业秘密的。明知前款所列行为，获取、披露、使用或者允许他人使用该商业秘密的，以侵犯商业秘密论。本条所称权利人，是指商业秘密的所有人和经商业秘密所有人许可的商业秘密使用人。"2019年修订的《中华人民共和国反不正当竞争法》也对商业秘密保护作出了规定。其中第九条规定："第三人明知或者应知商业秘密权利人的员工、前员工或者其他单位、个人实施本条第一款所列违法行为，仍获取、披露、使用或者允许他人使用该商业秘密的，视为侵犯商业秘密。本法所称的商业秘密，是指不为公众所知悉、具有商业价值并经权利人采取相应保密措施的技术信息、经营信息等商业信息。"第三十一条也规定："违反本法规定，构成犯罪的，依法追究刑事责任。"面对商业秘密侵权行为，商业秘密权利人可以向公安机关报案并提出刑事诉讼请求，依法维护自己的合法权益。

（二）商业秘密侵权行为的构成要件

根据《中华人民共和国刑法》以及《中华人民共和国反不正当竞争法》的相关规定，商业秘密侵权行为的构成要件主要有以下四个，如图4-6所示。

第四章 企业商业秘密保护的法律制度

```
                      ┌─ 认定是否构成侵权，依法确认存在商业秘密
                      │
                      ├─ 行为主体可以是经营者，也可以是其他人
商业秘密侵权行为的构成要件 ┤
                      ├─ 客观上，行为主体实施了侵犯他人商业秘密的行为
                      │
                      └─ 以非法手段获取、披露或者使用他人商业秘密的行为已经或可能给权利人带来严重后果
```

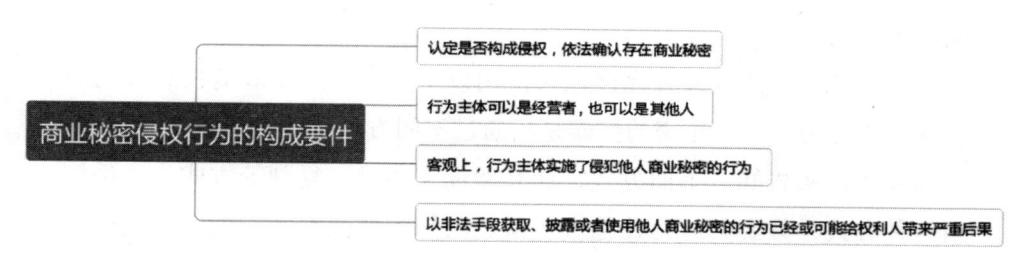

图4-6 商业秘密侵权行为的构成要件

1. 认定是否构成侵权，依法确认存在商业秘密

在商业秘密侵权案件中，司法机关必须首先依法确认商业秘密存在，且受到了保护。商业秘密必须是未公开的、具有经济价值的，并受到了商业秘密权利人的保护。只有符合这些条件的信息或者数据，才能被认定为商业秘密。所谓"权利人"，是指依法对商业秘密享有所有权或者使用权的公民、法人或者其他组织。

2. 行为主体可以是经营者，也可以是其他人

商业秘密侵权行为的行为主体不仅限于经营者，还包括其他人，例如职工、前职工、代理人、中介人等。只要行为主体以非法手段获取、披露或者使用商业秘密，且符合其他构成要件，其行为就可以认定为商业秘密侵权行为。

3. 客观上，行为主体实施了侵犯他人商业秘密的行为

根据《中华人民共和国刑法》第二百一十九条的规定，商业秘密侵权行为可以分为以下三类。

（1）以盗窃、贿赂、欺诈、胁迫、电子侵入或者其他不正当手段获取权利人的商业秘密的行为。盗窃是指通过自认为不被商业秘密的所有人、使用人或保管人等发现的方法窃取商业秘密。盗窃的内容可以是原件、复印件或者自行以秘密的方式加以复制的内容，如偷拍或偷录等。胁迫则是指以杀害生命、伤害身体、加害亲属、毁坏财产、揭露隐私、损害名誉、解除职务、克扣工资、开除工作等方式相要挟或恐吓，迫使知情者向其泄露商业秘密。除此之外，还有其他不正当手段，如抢劫、

骗取等手段。

（2）披露、使用或者允许他人使用以不正当手段获取的权利人的商业秘密的行为。商业秘密的披露是指通过不同方式向他人泄露商业秘密，可以采用口头告知、书面方式，让其阅读、抄录、复制等方式。无论使用何种方式，只要其行为让他人了解、获知了商业秘密，均应被视为披露商业秘密。商业秘密的使用则是指将获知的商业秘密用于生产、经营等活动。需要注意的是，此类商业秘密侵权行为必须以盗窃、贿赂、欺诈、胁迫、电子侵入或其他不正当手段获取为前提。

（3）违反保密义务或者违反权利人有关保守商业秘密的要求，披露、使用或者允许他人使用其所掌握的商业秘密的行为。

除了通过不正当手段获取商业秘密的人，其他人如果违反了约定或者侵犯了权利人有关保守商业秘密的规定，教唆、引诱、帮助他人获取、披露、使用或允许他人使用权利人的商业秘密，其行为也会构成商业秘密侵权行为。违反约定或规定是认定侵权行为的前提条件，如果按照权利人的约定和要求披露、使用或允许他人使用所掌握的商业秘密，则不应被认定为侵权行为。

4.以非法手段获取、披露或者使用他人商业秘密的行为已经或可能给权利人带来严重后果

商业秘密侵权行为还必须满足行为已经或可能给商业秘密权利人带来严重后果。这个严重后果可以是直接的经济损失，也可以是商业秘密泄露所造成的商业信誉受损等。

（三）刑事责任的承担形式和追诉标准

1.承担形式

侵犯商业秘密所应当承担的刑事责任在《中华人民共和国刑法》第二百一十九条中已有规定。商业秘密侵权行为如果构成刑事犯罪，将会

面临刑事责任。具体有以下几种承担形式。

（1）判处有期徒刑。如果商业秘密侵权行为人的行为被认定构成了犯罪，那么根据犯罪的情节和危害程度，法院可以对其判处一定期限的有期徒刑。如果商业秘密的价值较高，被盗取或披露的内容较为敏感或者已经造成了重大的损失，那么被判处的有期徒刑的刑期也会增加。如果犯罪行为由组织或者团伙实施，那么侵权行为人所处的位置和所起的作用也将影响其刑事责任的承担。《中华人民共和国刑法修正案（十一）》对《中华人民共和国刑法》第二百一十九条做了补充，在第二百一十九条后增加一条，作为第二百一十九条之一："为境外的机构、组织、人员窃取、刺探、收买、非法提供商业秘密的，处五年以下有期徒刑，并处或者单处罚金；情节严重的，处五年以上有期徒刑，并处罚金。"

（2）罚金。罚金是对商业秘密侵权行为人进行的一种经济处罚，是刑事制裁的一种形式。根据《中华人民共和国刑法》和《中华人民共和国反不正当竞争法》的规定，对于商业秘密侵权行为人可以判处罚金，其数额通常由侵权所得利益的大小来决定。罚金的数额要充分考虑侵权行为人的经济能力，确保其受到足够的惩罚，同时也不能过于高昂，避免超出合理范围，造成损失。

（3）剥夺政治权利。剥夺政治权利是指依照法律规定，剥夺犯罪人员的选举权、被选举权、言论自由等政治权利。商业秘密侵权行为情节严重，或者给他人造成重大损失的，法院可以判处剥夺政治权利。这种处罚是对商业秘密侵权行为人的严厉惩罚，也起到了警示作用。

2. 追诉标准

如果侵犯商业秘密的行为是一次性的，并且当场已经完成，那么完成的时间点就是犯罪之日，从该时间向后推延十年就是诉讼时效截止的日期；若盗窃商业秘密的过程并不是一次完成的，而是持续了很长一段时间，那从盗窃行为结束之日起向后推延十年，就是诉讼时效的截止日期。

2020年9月17日，《最高人民检察院、公安部关于修改侵犯商业秘密刑事案件立案追诉标准的决定》中明确提出:"为依法惩治侵犯商业秘密犯罪,加大对知识产权的刑事司法保护力度,维护社会主义市场经济秩序,将《最高人民检察院、公安部关于公安机关管辖的刑事案件立案追诉标准的规定(二)》第七十三条,侵犯商业秘密刑事案件立案追诉标准修改为:[侵犯商业秘密案(刑法第二百一十九条)]侵犯商业秘密,涉嫌下列情形之一的,应予以立案追诉:

(一)给商业秘密权利人造成损失数额在三十万元以上的;

(二)因侵犯商业秘密违法所得数额在三十万元以上的;

(三)直接导致商业秘密的权利人因重大经营困难而破产、倒闭的;

(四)其他给商业秘密权利人造成重大损失的情形。

此通知明确了侵犯商业秘密刑事案件的立案追诉标准,加大了对商业秘密的保护力度。

第五章　企业商业秘密保护的管理措施

第一节　企业商业秘密保护的意识培养

商业秘密是企业的核心资源之一，对企业的生存和发展至关重要，商业秘密保护意识的培养是商业秘密保护的重要方面之一。在市场竞争中，商业秘密泄露和侵权行为日益增多，给企业造成了巨大的损失和影响。因此，在企业内部建立商业秘密保护的文化和理念，不仅能够提高企业的商业秘密保护能力，还可以增强员工的法律意识和职业道德，确保商业秘密得到全面、有效的保护，进而促进企业的有序发展。

一、培养员工商业秘密保护意识的重要性

员工是企业商业秘密保护的第一道防线，他们的保密意识直接关系着企业商业秘密的安全。

商业秘密保护意识的培养有助于提高员工的职业道德和职业素养，使员工更加注重保护企业利益。员工将更加明确自己的职责和义务，以及在商业活动中的行为规范。具备商业秘密保护意识的员工能够更好地遵守相关法律法规，避免因为商业秘密泄露而承担法律责任。这不仅有利于保护企业的利益，也能帮助员工避免不必要的法律风险。商业秘密泄露会导致企业内部的信任破裂，影响团队合作。员工具备商业秘密保护意识，有助于维护良好的团队氛围，提高团队凝聚力和协作效率。同时，员工是企业的重要组成部分，他们在日常工作中会接触和处理大量商业秘密。员工具备商业秘密保护意识，有助于这些秘密不被泄露，从而维护企业的竞争力和市场地位。

二、商业秘密保护意识培训的定义与重要性

（一）商业秘密保护意识培训的定义

商业秘密保护意识培训是指通过各种方式和方法，向企业员工普及商业秘密保护的知识和技能，增强员工对商业秘密保护的认知，提高员工商业秘密保护意识和能力，促进企业商业秘密保护工作的全面、有效开展。

（二）商业秘密保护意识培训的重要性

商业秘密是企业的核心资源之一，是企业独特竞争的优势，包括技术秘密、商业模式、客户信息等。商业秘密泄露将给企业带来极大的损失，甚至威胁企业的生存和发展。商业秘密保护意识培训可以帮助员工认识到商业秘密的重要性，学习并掌握商业秘密保护的方法和技能，减少商业秘密泄露的风险，保障企业商业秘密的安全。

商业秘密保护意识培训可以帮助员工树立良好的商业秘密保护意识。如果企业员工能够有效地保护商业秘密，那么客户、合作伙伴和投资者等都会信任和认可企业的经营和管理，从而提高企业的商业信誉和市场竞争力。在当今市场经济竞争日益激烈的环境中，保护商业秘密成为企业赢得市场竞争的重要手段。

商业秘密保护意识培训可以帮助员工了解并遵守商业秘密保护相关法律法规。若员工对商业秘密保护相关法律法规如《中华人民共和国反不正当竞争法》《中华人民共和国民法典》等不熟悉，没有商业秘密保护意识，很可能会在不经意间泄露商业秘密。如果企业在商业秘密保护方面存在问题，不仅会失去商业信誉，还可能面临法律风险和经济损失。

加强商业秘密保护意识培训，能够帮助企业员工遵守相关法律法规，避免商业秘密泄露。

三、商业秘密保护意识培训的方法

商业秘密保护意识培训的方法是影响培训效果的重要因素。根据具体情况和不同的目标，企业可以采用以下培训方法。

（一）网络培训

网络培训是一种利用互联网平台进行培训的方式。它具有灵活性、交互性和高效性。员工可以通过网络学习商业秘密保护的相关知识和技能，也可以通过网络平台与其他学员互动和交流。这种方式可以有效地避免时间和空间上的限制，也可以降低培训成本。

（二）现场培训

现场培训是一种在特定场地对员工进行商业秘密保护意识培训的方式。它可以采用讲座、研讨会、班级教学等形式，其主要优势是能够提供面对面的互动交流机会，让员工更好地理解商业秘密保护的重要性和方法。同时，现场培训还可以通过实际演练等方式提高员工保护商业秘密的技能。

（三）在线互动培训

在线互动培训是一种结合网络培训和现场培训优点的培训方式。它可以利用视频会议、在线直播、在线互动等方式，实现远程培训。这种方式可以让员工在不同地区、不同时间参加培训，节约了时间和成本。同时，员工还可以通过互联网平台与其他学员互动和交流。

四、商业秘密保护意识培训的具体内容

商业秘密保护意识培训不仅要让员工了解什么是商业秘密,如何识别和保护商业秘密,还要提高员工保护商业秘密的技能。商业秘密保护意识培训的具体内容如图5-1所示。

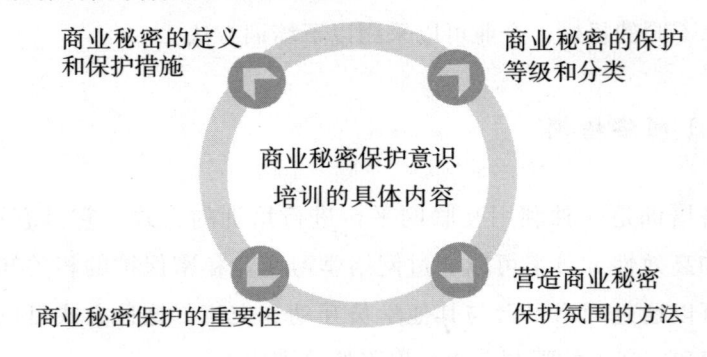

图 5-1 商业秘密保护意识培训的具体内容

(一)商业秘密的定义和保护措施

在培训之初,应让员工知道什么是商业秘密以及商业秘密的保护措施。

商业秘密是指企业拥有的具有商业价值且未公开的信息,包括技术、经营、管理等方面的信息。商业秘密具有不公开、有商业价值等特点。

商业秘密的保密措施包括签订保密协议、制定保密管理制度等。

商业秘密关系着企业的核心利益和发展前景,因此企业应当采取有效的保护措施,防止商业秘密被泄露、侵犯。同时,企业应当了解商业秘密保护的相关法律法规和政策,加强对商业秘密的管理和保护,保证企业商业秘密的安全和稳定。

（二）商业秘密保护的重要性

在培训过程中，让员工了解商业秘密保护的重要性，有助于增强员工的保密自觉性和责任感。

商业秘密是企业的核心利益之一，包含企业的核心技术、商业模式、管理经验等方面的信息。商业秘密保护可以有效维护企业的核心利益，保障企业的竞争优势和发展前途。企业在保护商业秘密的过程中，需要对技术、管理等方面的信息进行整合和优化，这有助于提高创新能力和技术水平，不断发展。

商业秘密的保护还可以增强企业的竞争力。在竞争激烈的市场环境中，企业必须保护自己的商业秘密，防止商业秘密泄露给竞争对手，失去市场优势和竞争力。

（三）商业秘密的保护等级和分类

在培训过程中，应让员工充分了解商业秘密的保护等级和分类。

商业秘密的保护等级和分类是商业秘密保护意识培训的重要内容。企业可以根据商业秘密的保护等级和类别采取相应的措施，增强商业秘密的保护效果。

商业秘密根据保密程度可划分为"绝密级""机密级""秘密级"和"内部级"四个等级。绝密级商业秘密是最高级别的商业秘密，该类商业秘密被泄露可能对国家安全或者企业利益造成重大损失。机密级商业秘密是次高级别的商业秘密，该类商业秘密被泄露可能对企业或个人造成严重损失。秘密级商业秘密和内部级商业秘密分别是普通级别和内部使用的商业秘密。企业应当培训员工学会识别商业秘密的保密等级，熟悉各个保密等级的商业秘密的保密程度和保密措施，根据商业秘密的保密等级采取相应的保密措施，例如，制定不同级别的保密管理制度、设置不同级别的保密区域、对不同级别的商业秘密采取不同的技术保密措施等。

商业秘密的分类主要指根据商业秘密的内容、用途和保密措施等方面进行分类。对商业秘密进行分类有助于企业更好地管理和保护商业秘密。商业秘密可分为技术商业秘密、管理商业秘密、市场商业秘密、财务商业秘密等。企业应当向员工介绍商业秘密的分类,使员工了解不同类型的商业秘密所包含的信息和价值,并根据不同类型的商业秘密采取相应的保护措施。例如,对于技术商业秘密,企业可以采取技术保密措施和签订保密协议措施等;对于市场商业秘密,企业可以采取市场调研保密措施和销售渠道保密措施等。

(四)营造商业秘密保护氛围的方法

通过培训营造良好的商业秘密保护氛围,可以增强员工的保密意识和保密能力,减少商业秘密泄露的风险。

企业应当以保护商业秘密为企业文化的核心,倡导员工遵守保密规定,强调保密的重要性和必要性。企业可以通过各种方式宣传保密知识,例如,在企业网站上发布保密宣传材料,利用企业内部刊物和会议宣传保密知识,制作保密宣传海报等;建立健全的奖惩机制,对积极参与商业秘密保护的员工进行表扬和奖励,对泄密行为进行严厉处罚;建立健全的考核机制,对员工的保密意识和保密能力进行评估和考核,发现和解决保密隐患。

在与外部企业合作时,企业应当与外部合作伙伴签订保密协议,明确商业秘密的保密范围和保密措施,加强合作伙伴的保密意识和保密能力,以减少商业秘密泄露的风险,提高商业秘密的保密性和安全性。

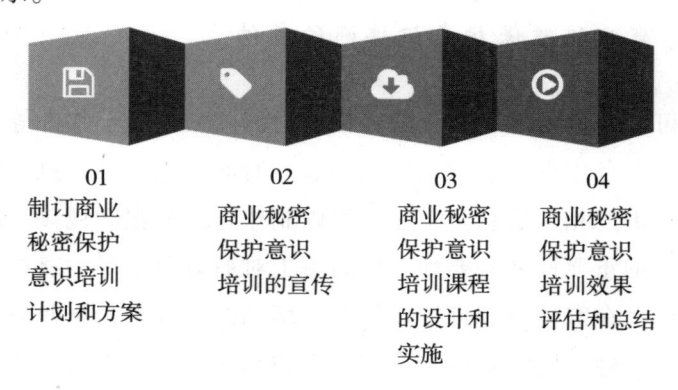

五、商业秘密保护意识培训的实施步骤

商业秘密保护意识培训是企业管理中不可或缺的一项工作，可以增强员工的商业秘密保护意识和能力，有效保护企业的商业秘密。在具体的实施过程中，企业应当根据自己的情况和需求，完善、优化培训步骤，进而提高员工的保密意识和能力，有效保护企业商业秘密，具体步骤如图5-2所示。

01 制订商业秘密保护意识培训计划和方案
02 商业秘密保护意识培训的宣传
03 商业秘密保护意识培训课程的设计和实施
04 商业秘密保护意识培训效果评估和总结

图5-2　商业秘密保护意识培训的实施步骤

（一）制订商业秘密保护意识培训计划和方案

制订商业秘密保护意识培训计划和方案是商业秘密保护意识培训的第一步，也是非常重要的一步。制订完整的商业秘密保护意识培训计划和方案需要注意以下三点。第一，需要明确商业秘密保护意识培训的目标及内容。在确定培训目标时，企业需要考虑商业秘密的不同层次，如技术秘密、商业信息秘密、管理秘密等，以及不同岗位和部门的需求。在制订培训方案时，企业应该考虑商业秘密保护的法律法规、保密制度和措施、商业秘密的特点和分类、商业秘密泄露的风险和防范等方面，确保培训方案全面、有针对性。第二，需要注重培训方式和时机。企可以根据不同的培训内容和员工需求采用不同的培训方式,如面对面讲解、讲座、案例分析、培训班、模拟演练等。企业还应该结合员工的工作繁忙程度、培训效果等因素选择培训时机,可以在员工入职时或者特定事件发生时进行,也可定期举行。第三,需要明确培训对象,可以是全体员工,也可以是特定岗位、部门的员工。针对不同的培训对象,企业可以制订不同的培训计划以达到更好的培训效果。

(二)商业秘密保护意识培训的宣传

企业可以通过内部通知、公告栏、内部网站、电子邮件等方式,向员工宣传商业秘密保护意识培训的内容、时间、地点等信息,以便员工及时了解培训的相关信息。企业还可以制作宣传海报和视频,以宣传商业秘密保护的重要性和必要性,提高员工对商业秘密保护意识培训的认知和参与度。在宣传商业秘密保护意识培训的过程中,企业应该注意宣传内容的针对性,同时要重视员工的反馈和建议,以不断优化宣传的内容和方式,提高员工对商业秘密保护意识培训的认知和参与度,最终达到保护商业秘密的目的。

(三)商业秘密保护意识培训课程的设计和实施

课程的设计和实施是商业秘密保护意识培训的核心步骤。企业可以针对员工所处的岗位和部门,设计具有针对性、实用性和可操作性的培训课程,进而达到最优效果。

课程内容应涵盖商业秘密保护相关法律法规、保密制度和措施、商业秘密的特点和分类,以及商业秘密泄露的风险和防范措施等。课程设计时,企业应根据不同岗位和部门的员工的需求,确定课程内容和教学方式,以最大限度地提高员工的参与度和学习效果。企业可以采用面对面讲解、讲座、案例分析、培训班、模拟演练等教学方式，还可以引入实践环节，让员工通过模拟、演练等方式提高商业秘密保护的技能。企业可以编写手册、制作 PPT、制作视频等，向员工传达保密制度和措施、保密责任和义务等方面的内容。同时，企业还应该为员工提供一些实用的工具和技巧，以帮助员工更好地保护商业秘密。

（四）商业秘密保护意识培训效果评估和总结

商业秘密保护意识培训效果评估和总结是商业秘密保护意识培训的最后一步。对培训效果进行评估和总结，可以了解培训的有效性和存在的问题，并采取改进措施，提高商业秘密保护的效果。

企业可以通过问卷调查、测试、实践考核等方式进行评估，以便更全面、客观地了解培训效果和存在的问题，同时收集员工的反馈和建议，梳理其中的优点和不足，结合实际情况及时采取改进措施，提高商业秘密保护意识培训的质量和效果。

六、商业秘密保护意识培训的优化和创新

商业秘密保护意识培训是企业保护商业秘密的重要手段，随着市场竞争的加剧和技术的不断发展，商业秘密保护意识培训需要不断优化和创新，以满足企业对保密工作的要求。

（一）整合现有资源，创新培训方式

企业可以采取整合现有资源和创新培训方式的措施。企业内部资源包括专业人才、资料和设备等，外部资源包括商业秘密保护专家、保密培训机构等。通过整合企业内部资源和外部资源，企业可以优化培训内容和方式，提高员工的学习效果和保密意识水平。

企业可以灵活选择培训方式，如线上培训、线下培训、集中式培训、分散式培训等，以满足不同员工的需求。此外，企业还可以创新培训方式，如游戏化培训、视频培训、虚拟现实培训等，以提高员工的学习兴趣和注意力，增强培训效果。这些新型培训方式可以提供更加生动、直观的学习场景，帮助员工更好地掌握商业秘密保护的知识和技能，增强员工的保密意识。

（二）引入先进技术，增强培训效果

企业可以引入先进技术，如人工智能、大数据和云计算等技术。通过应用人工智能技术，企业可以根据员工的学习情况和学习习惯，量身定制培训内容和方式，提高员工的学习效果。利用大数据分析技术，企业可以分析员工的保密意识和行为，及时发现问题和风险，提高保密工作的效率。通过应用云计算技术，企业可以实现远程培训和在线学习，方便员工的学习。

人工智能技术可以根据员工的学习情况和反馈，自动调整培训内容和方式，以满足员工的学习需求。例如，基于人工智能的个性化学习系统可以根据员工的学习历史和能力，提供针对性的学习计划和课程。大数据分析技术可以对员工的保密行为进行实时监控和分析，及时发现异常情况和风险，提供精准的保密管理建议。云计算技术可以实现远程培训和在线学习，无论员工身在何处，都可以参加商业秘密保护意识培训。

（三）持续完善培训内容和方法

企业应该持续完善商业秘密保护意识培训的内容和方法，及时调整和更新培训内容和方法，以适应市场和技术的变化，增强培训效果。

在培训内容上，企业应该注重实际操作和案例分析，让员工在实践

中学习和掌握保密技能，同时应该根据员工的岗位和职责确定培训内容。

在培训方法上，企业应该注重员工的反馈，了解员工的学习情况和效果，及时调整和改进培训方法，提高员工的学习效果。同时，企业还应该定期对培训效果进行评估和总结，及时发现并解决存在的问题，提高培训的质量和效果。

第二节　企业商业秘密保护的组织管理

一、商业秘密保护组织管理体系

商业秘密保护组织管理体系是指企业为保护商业秘密而建立的一套管理制度和流程。该体系包括商业秘密保护的管理原则和体系、商业秘密保护管理体系的建设和运作、商业秘密保护管理体系的评估和改进等方面。通过建立和完善商业秘密保护组织管理体系，企业可以提高商业秘密的保密性和安全性，有效降低商业秘密泄露和侵犯等风险。

（一）商业秘密保护的管理原则

在商业秘密保护组织管理体系中，商业秘密保护的管理原则是基础，可以为企业建立有效的商业秘密保护体系提供指导和支持。商业秘密保护的管理原则主要有以下几方面内容，如图5-3所示。

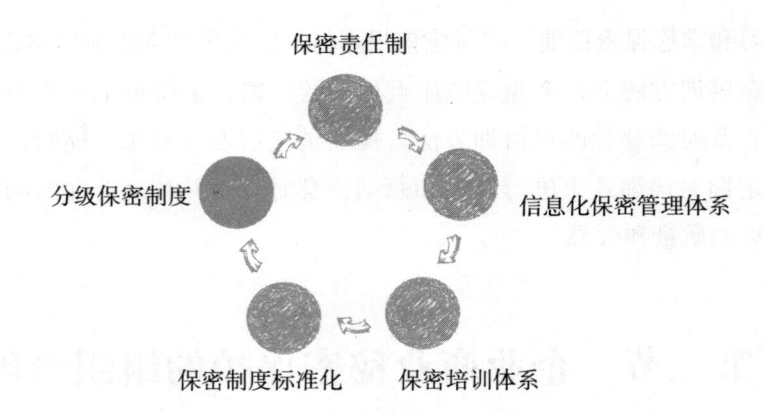

图 5-3　商业秘密保护的管理原则

1. 保密责任制

商业秘密保护责任应由企业的高层领导和每位员工共同承担。高层领导应树立保密意识，确保商业秘密得到充分重视。员工应认识到商业秘密的重要性，落实保密措施。企业应该建立明确的保密责任制度，规定各级管理人员和员工在保密工作中的职责、义务和违规行为的处理方式。同时，企业要建立奖惩机制，对于保护商业秘密做出贡献的人员给予奖励，对于泄露商业秘密的行为进行惩罚。

2. 分级保密制度

企业应该建立科学的分级保密制度，根据商业秘密的重要程度和机密性等级确定保密措施。对于不同级别的商业秘密，企业应采取不同的保护措施，确保商业秘密的安全性。分级保密制度应包括商业秘密的保密等级、保密期限、保密责任人、保密管理流程、保密措施等内容。企业应根据实际情况不断完善和调整分级保密制度，确保商业秘密得到有效的保护。

3. 保密制度标准化

企业应该建立标准化的保密制度，确保保密工作的规范化和系统化。保密制度应包括商业秘密保护的原则、流程、责任、管理、评估和改进等方面。企业建立标准化的保密制度，应根据国家保密法规和企业实际情况，明确工作人员的职责和保密工作流程，并制定相应的保密管理手册。同时，企业要建立健全的保密审核机制，确保制度的有效执行和保密管理的合规性。

4.保密培训体系

企业应该建立全员保密培训体系，包括员工入职培训、定期培训、专项培训等方面，提高员工的保密意识和技能，确保商业秘密的保护得到全员的支持和配合。保密培训应覆盖全员，包括高层领导、管理人员和普通员工等不同层级的人员。保密培训应根据商业秘密的保护原则、保密流程、保密技术、保密措施等内容，采用专家讲座、知识竞赛等形式，激发员工的学习兴趣和积极性。

5.信息化保密管理体系

企业应建立信息化保密管理体系，采用密码保护、访问控制、安全审计等技术手段，确保商业秘密信息安全。企业应对信息资产进行规范化管理，完善分类、标识、评估等方面的管理，确保商业秘密信息安全。企业应利用网络安全技术和管理手段，维护企业网络和信息化系统的安全和稳定，可以利用防火墙、入侵检测系统等技术手段，实现对商业秘密的安全保护。在信息规范化处理方面，企业应采取访问控制、日志审计、漏洞管理等方式，对信息系统进行安全管理和监控，以便随时发现和处理安全问题。企业应备份重要的企业数据，当商业秘密数据损坏或丢失时，企业应及时采取恢复措施，保证数据的完整性和保密性。

（二）商业秘密保护管理体系

商业秘密保护管理体系是企业为保护商业秘密而建立的一套标准化的处理流程，其功能在于保护企业商业秘密不被泄露。该体系的构建应以法律法规和内部规章制度为基础。该体系具有严谨性、可行性、协调性和持续性等特征，具体包括以下几个方面，如图5-4所示。

企业商业秘密法律保护

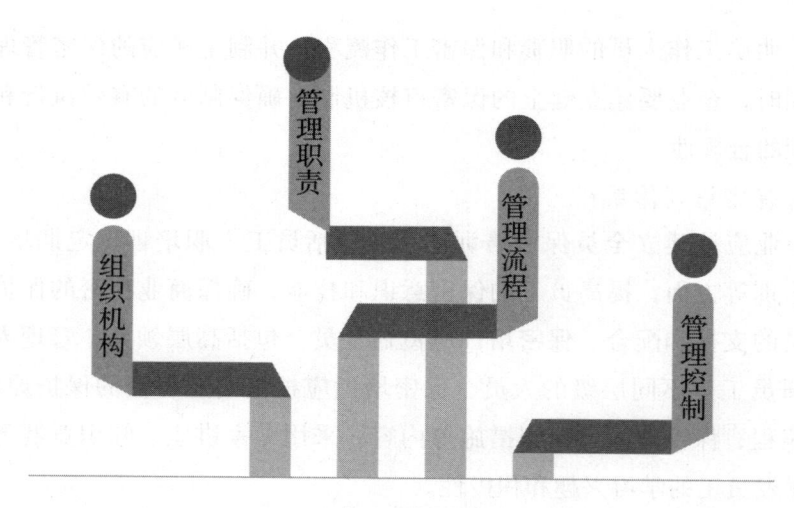

图 5-4 商业秘密保护管理体系

1. 组织机构

在商业秘密保护管理体系中，保密组织机构应该与企业的组织架构相衔接，形成保密管理体系的"上下贯通"和"横向衔接"，以保证保密工作的高效性和协调性。保密组织机构的主要负责人应由企业的高层领导担任，企业应明确规定保密管理人员的职责和权力，并聘请专业的保密管理人员，建立保密管理团队，以确保商业秘密保护工作的专业性和高效性。

2. 管理职责

管理职责规定了管理人员和员工保护商业秘密的责任。管理人员的职责主要包括制定保密政策，监督保密措施的实施，以及处理与商业秘密保护相关的问题。员工的职责主要包括遵守保密政策，不泄露商业秘密，及时报告可能的保密风险，以及在必要时接受保密培训。

（1）建立内部制度。企业需要制定内部保密制度，规定商业秘密的保护方法和程序，包括对商业秘密的定义、识别、分类、标记和存储等。内部制度还应包括对违反保密政策的员工的惩罚措施，以确保所有员工都清楚他们的职责，并了解违反保密政策的后果。

（2）进行风险管理。风险管理是商业秘密保护的关键环节，包括识别和评估可能威胁商业秘密安全的风险，以及制定应对这些风险的策略和措施。企业应定期进行风险评估，以便实时了解商业秘密面临的风险并及时采取行动。

（3）开展教育培训。教育培训是确保所有员工理解和遵守商业秘密保护政策的重要方式。企业应提供定期的保密培训，以确保员工了解商业秘密的重要性以及保护商业秘密的方法和技巧。

（4）进行监督评估。企业应定期对商业秘密保护政策的实施进行监督和评估，及时发现问题并采取改进措施。监督评估的内容包括保密措施的执行情况、保密风险的变化情况、保密培训的效果等方面。

3. 管理流程

管理流程是指商业秘密保护工作中的各项流程和程序，包括商业秘密的识别、分类、保护、传输、使用、审批和销毁等。商业秘密保护管理流程应该标准、规范。企业应根据自身的实际情况建立管理流程，以确保商业秘密保护工作的高效性和规范性。同时，企业应该建立相应的监控和审计机制，以确保商业秘密保护管理流程的有效性和可行性。

4. 管理控制

管理控制是指商业秘密保护工作中的各项控制措施和控制手段，包括保密控制、安全控制、访问控制、传输控制、备份控制等方面。在商业秘密保护管理体系中，企业应该建立相应的管理控制措施和手段，以确保商业秘密的安全。这些措施和手段包括对商业秘密进行加密、定期备份数据、设置访问控制权限等。

（三）商业秘密保护管理体系的建设和运作

1. 商业秘密保护管理体系的建设

建设商业秘密保护管理体系的首要任务是建立一个有效的组织机构。

企业应设立专门的保密管理部门，负责保密工作的规划、实施和监控。此外，企业还应明确保密管理部门的责任人，确保商业秘密的保护责任落到实处。

制定管理制度是该体系建设的另一个重要环节。企业需要建立完善的商业秘密保护政策，需要制定涉密信息的使用、存储、传输等方面的规范，明确违反保密规定的处罚措施。企业还应与合作伙伴、供应商和客户签订保密协议，明确双方在保护商业秘密方面的权利和义务。

在生产过程中，企业应当定期对员工进行保密培训，使其充分了解商业秘密的重要性，增强其保密意识。企业应加强日常的保密教育，比如利用宣传栏、邮件、内部网站等途径，传播保密知识和案例。此外，对于涉密岗位的员工，企业还应当开展专项培训，确保他们掌握更加详细的保密知识。通过持续的保密教育和培训，企业要营造良好的保密氛围，进而降低商业秘密泄露的风险。

2.商业秘密保护管理体系的运作

保障商业秘密保护管理体系的正常运作，能确保企业在日常经营管理中保护商业秘密，降低泄露风险。企业通过监控涉密信息的使用、存储、传输等各个环节，进而确保各项保密制度和规定有效实施。企业还可以建立相应的考核奖惩机制，激励员工遵守保密制度。根据不同岗位和部门的特点，企业应制订相应的教育方案，通过内部宣传、实际案例分享等方式，使员工牢牢掌握保密知识。另外，企业还应定期对商业秘密保护管理体系进行评估和审查，以检查该体系的运行效果。企业应根据保密制度、技术措施等的实施情况，分析潜在的风险点，并提出改进措施。企业还应审查合作伙伴、供应商和客户的保密管理，确保整个产业链的商业秘密得到有效保护。

（四）商业秘密保护管理体系的评估和改进

1. 商业秘密保护管理体系的评估

商业秘密保护管理体系的评估是一个关键环节，有助于企业全面了解商业秘密保护管理体系的运行状况、效果和存在的问题。这一过程可以为企业提供改进管理体系的依据，从而更好地保护商业秘密，降低泄露风险。

在评估过程中企业需要对商业秘密保护管理体系的各个方面进行客观的分析。评估人员需要深入了解企业的保密制度，以评估这些制度是否符合法律法规要求，能否有效地保护商业秘密。评估人员需要对信息安全、物理安全措施以及保密组织和结构分配等加以关注。评估人员需要检查企业是否采取了适当的技术手段，如加密技术、访问控制等，以确保涉密信息得到充分保护。另外，评估人员还应评估企业对网络攻击、窃密行为等的预防和应对能力。

在评估过程中企业还应重点关注员工的保密意识和行为。这包括评估员工对保密制度的理解程度，以及他们在日常工作中是否遵守相关规定。评估人员可以采用问卷调查、访谈等方式收集员工的意见和建议，以了解他们对保密工作的态度和需求。

2. 商业秘密保护管理体系的改进

商业秘密保护管理体系的改进是一个持续优化的过程，企业需要在评估结果的基础上，针对管理体系存在的问题和不足，制定相应的优化措施，从而提高管理体系的有效性和实用性。具体做法如图5-5所示。

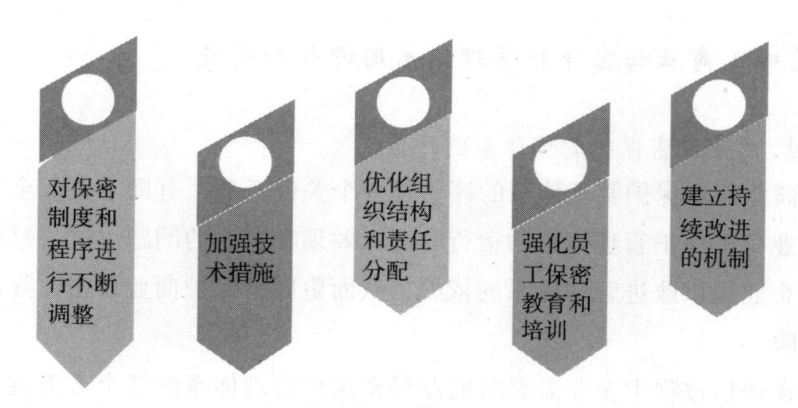

图 5-5 改进商业秘密保护管理体系的措施

第一，对保密制度和程序进行不断调整。企业在评估过程中应及时解决发现的问题，以确保保密制度符合法律法规要求，更好地保护商业秘密。另外，企业还需要关注市场环境、技术等外部因素的变化，调整相关制度，以适应不断变化的商业环境。

第二，加强技术措施。企业应根据评估结果优化现有的技术手段，如加密技术、访问控制等，以确保涉密信息得到充分保护。同时，企业还需要关注新兴技术的发展，不断提升信息安全防护能力。

第三，优化组织结构和责任分配。企业应确保保密管理部门具备足够的权威和资源，以便更好地执行保密工作。此外，企业还需要调整保密责任人的职责，使之更符合实际工作需求，提高保密工作的效率。

第四，强化员工保密教育和培训。企业应根据评估结果调整培训内容和方式，以增强员工的保密意识和能力。同时，企业还需要加大日常教育的力度，通过内部宣传、实际案例分享等途径，使保密知识深入员工的心中。

第五，建立持续改进的机制。企业需要定期对商业秘密保护管理体系进行再评估，以确保改进措施的有效性，并根据新的评估结果制定相应的优化方案。通过持续改进，企业可灵活应对市场环境和竞争态势的变化，确保商业秘密得到长期有效的保护。

二、企业商业秘密保护的组织管理实践

（一）商业秘密保护的组织管理策略和措施

企业应将商业秘密保护作为一项重要任务长期执行下去。企业应当制定相应的组织管理策略和措施来确保商业秘密的安全，其具体做法如下。

制定完善的保密制度是商业秘密保护的基础。保密制度应该包括保密范围、保密责任、保密管理措施和保密违规处罚制度等。保密范围是指商业秘密内容，保密责任是指企业内部各个岗位在保护商业秘密上应承担的责任和义务，保密管理措施是指保护商业秘密应采取的措施，保密违规处罚制度是指对违反保密制度的人员的处罚措施。制定完善的保密制度可以确保保密措施得以落实。

实行分级别的保密制度是商业秘密保护的必要条件。根据重要性和保密程度对商业秘密进行分级，并采取不同的保密措施，这样可以确保商业秘密得到更好的保护。

加强企业内部的安全管理是商业秘密保护的重要方面。企业应当采取有效的措施来限制员工权力，制定相应的数据安全管理制度，以防止商业秘密泄露。这样可以降低商业秘密被员工非法获取的可能性。在实施内部安全管理时，企业应该采用严格的审计机制和监管措施，以确保安全管理的有效执行。

加强员工培训可以增强员工保密意识，让员工了解保密制度，掌握保密技能。这可以帮助员工更好地保护商业秘密，从而确保商业秘密的安全。企业可以通过多种方式加强员工保密意识的培训，如定期举办保密培训课程、增加考试环节等，以提高员工的保密素质和技能。

企业还应该采取有效的技术保密措施，如加密技术、防抄袭技术、网络安全技术等，以确保商业秘密的安全。

(二)商业秘密保护的组织管理案例分析

1.某制药公司核心技术保密案例

某制药公司是一家以研发和生产药品为主的企业,其有一项核心技术为商业秘密。该公司对该商业秘密采取了以下措施。

制定完善的保密制度,涉及保密范围、保密责任、保密管理措施和保密违规处罚制度等,确保保密措施得以落实和执行,并建立保密管理体系,由公司的专员进行全面管理和监督;对本公司的核心技术,以及与核心技术相关联的技术和设备进行分级保密管理,对最关键的核心技术采取专人保管、物理隔离、限制访问、加密保护等最高级的保密措施。为了确保核心技术不外泄,该制药公司加强了内部的安全管理,采取严格的权限管理制度、数据备份和还原制度等,确保与核心技术相关的研究成果不被意外泄露和遗失。另外,该公司强化了部门员工保密培训,提高每位员工的保密意识和保密技能,制订相应的培训计划,做好新入职员工的入职保密培训工作,并且建立内部保密审核机制,定期对内部的保密措施进行评估和考核。在技术方面,该公司采用加密技术、数字水印和防伪标识等,对其核心技术进行全面保护,确保商业秘密的安全。

2.某软件公司核心技术保密案例

对于一家软件公司来说,软件代码的安全十分重要。某软件公司把软件代码进行了归类和管理。该公司拥有一套严格的涉密文档管理制度,不同的信息资料具有不同的保密等级,比如秘密级别、机密级别、绝密级别。该公司与第三方合作时也不忘强调信息资料的保密工作。该公司虽然将很多精力放在了商业秘密保护制度的设计上,但是并未完全依赖制度,因为毕竟有少数员工可能会不遵守这种制度,这个时候必须采取技术手段,让员工带不出去信息资料或者即使带出去也留下痕迹。

该公司员工打印资料、传真、扫描等均不能随心所欲。该公司有一套完整的审批流程,通过审批和签批程序后,资料由特定部门统一打印,并且在服务器上也会留有备份,确保员工在具体时间、具体地点打印的具体资料均有痕迹。不仅如此,该公司也会对员工的上网记录进行监控,网络上传会受到严格的限制,邮件外发也需要审批。该公司的商业秘密保护流程十分细化,从知识产权部门负责制度设计,提供"软件建设"到信息安全部门进行技术保障,负责"硬件建设",乃至审计部门负责审计制度和技术保障措施的执行,一旦商业秘密泄露,法律部门会追究法律责任。

(三)商业秘密保护的组织管理问题和解决方案

有些企业仍没有认识到商业秘密在市场经济中的实际价值和潜在价值,只知道国家秘密需要保护,不知道企业自身的技术信息和经营信息也需要保护,更没有把商业秘密作为一种无形资产给予应有的重视。有些企业觉得自己没有什么商业秘密需要保护,或者认为落后的东西不需要保护,缺乏商业秘密保密意识。还有一些企业虽然认识到自身的某些技术、信息是商业秘密,但是并没有采取切实有效的保护措施。有些企业虽然制定了保密措施,但是形同虚设,落实不到位,对商业秘密的保护一般采用行政手段,很少采用经济、教育、法律和技术手段。另外,部分企业所保护的商业秘密范围过于狭窄,虽然重视科学技术的保护,但是轻视经营类信息的保护,对经营类信息秘密疏于管理。

针对以上组织管理问题,企业可采取如图5-6所示的措施。

企业商业秘密法律保护

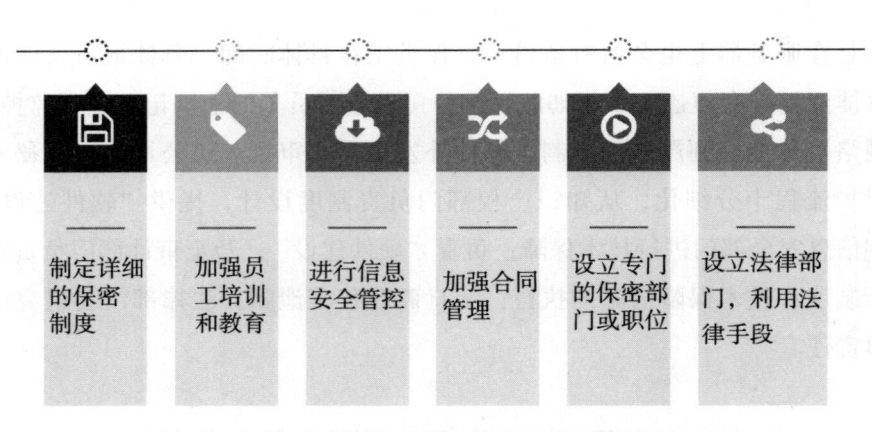

图 5-6 解决商业秘密保护组织管理问题应采取的措施

（从左至右：制定详细的保密制度；加强员工培训和教育；进行信息安全管控；加强合同管理；设立专门的保密部门或职位；设立法律部门，利用法律手段）

1. 制定详细的保密制度

许多企业将商业秘密视为生命线，如美国可口可乐公司有一句著名的座右铭："保住了秘密就保住了市场。"商业秘密不仅具有巨大的商业价值，也面临着高度的泄露风险，企业应当制定详细的保密制度，明确保密范围、责任。

2. 加强员工培训和教育

企业应在全体员工中推广法治教育，加强职业道德和企业文化建设，以增强员工的商业秘密保护意识。培养员工爱岗敬业的精神，使他们认识到自己是企业的主人，从而自觉维护企业的商业秘密。

3. 进行信息安全管控

企业应建立防火墙，防止未经授权的访问和攻击。同时，对于敏感信息，企业应使用数据加密技术，确保即使在数据泄露的情况下，信息也无法被轻易解密和利用。设置不同级别的访问权限，确保只有授权人员才能获取相关商业秘密。这可以通过用户身份验证、角色分配和权限管理等方式实现。为防止数据丢失或损坏，企业还需要制定备份策略，定期备份关键数据，以便在发生意外时可以迅速恢复数据。

4. 加强合同管理

企业应明确约定保密条款，规定商业秘密的保护范围，以便各方对商业秘密有清晰的认识。在与合作方签订的合同中企业应明确各方在保护商业秘密方面的责任,以确保所有参与方都能很好地保护商业秘密。合同中还应明确赔偿标准,以便在发生商业秘密泄露或滥用以后,受损方能够依法获得赔偿。

5.设立专门的保密部门或职位

设立相关部门负责制定保密制度,确保保密制度符合法律法规的要求,并且符合企业的实际情况。保密部门负责组织员工进行保密培训,增强员工的商业秘密保护意识和技能。另外,保密部门要负责对企业信息安全进行监控,定期检查企业安全措施是否得以有效实施。

6.设立法律部门,利用法律手段

企业可以设立专门的法律部门。法律部门的职责包括关注法律法规的变化,确保企业的商业秘密保护制度始终符合法律要求。此外,法律部门还需要参与合同的起草和审核,确保合同中的保密条款符合法律规定,并能有效保护企业的权益。

在商业秘密受到侵犯时,法律部门将发挥关键作用,为企业提供法律咨询和支持。例如,法律部门可以协助企业收集证据,制定应对策略,并在必要时代表企业与侵权方协商或进行诉讼。通过设立法律部门,企业可以更好地利用法律途径,维护自身的商业秘密和权益。

三、企业商业秘密保护的人员管理

(一)员工的保密教育

定期开展员工内部培训,讲解商业秘密的定义、种类、范围、保护方法、泄露风险等,让员工了解如何识别和处理商业秘密信息。企业应明确告知员工保护商业秘密的重要性、其应当承担的保密义务,以及泄露商业秘密可能导致的后果和应承担的责任。企业还应根据具体情况,对员工进行考核和督促，确保员工遵守保密制度和规定，避免因个人行为导致商业秘密泄露。

（二）与员工签订保密协议

企业应与员工签订保密协议，其中包括保密期限、保密范围、保密义务以及违约责任等，明确告知员工的保密义务和责任，并对违反保密协议的行为进行严厉处罚。企业还应在保密协议中规定，保密条款并不因劳动合同、劳动关系的终止而终止，在员工离职后一定期限内仍然有效。企业需要对接触过商业秘密、即将离职的员工进行离职检查，除要求其完成有关交接手续外，还要重申员工在离开本公司之后应继续履行保护商业秘密的义务。

（三）签订竞业禁止协议

竞业禁止协议的签订，大多针对企业的高级管理人员。竞业禁止协议是指公司与知悉商业秘密的人员约定，在解除劳动关系后的一定期限内，该人员不得自行构建与原公司业务范围相同的企业或者在与商业秘密信息相关的竞争行业的其他单位任职，单位可以给予一定补偿的协议。竞业禁止协议应在合理范围内，以避免与员工的择业自由相冲突。

（四）第三方管理

企业应在对外签订的合同中明确保密条款，要求对方保证不泄露履行合同时掌握的企业商业秘密，否则将承担违约和赔偿责任。同时，企业应对供应商、客户等第三方进行管理，以避免他们泄露商业秘密。企业与第三方建立合作关系前，应对其进行审查，了解其保密制度和管理措施，避免合作方本身存在泄露商业秘密的风险。企业与供应商、客户等第三方签订保密协议时，应明确告知其保密义务和责任，并对违反保密协议的行为进行严厉处罚。企业应对供应商、客户等第三方的访问权力进行限制，只允许其访问必要的商业秘密信息，并对访问进行记录和审核。最后，企业应对第三方的保密工作进行监督和检查，及时发现和处理潜在的安全威胁。

第三节　企业商业秘密保护的技术手段

一、商业秘密保护技术手段的分类和特点

（一）商业秘密保护技术手段的分类

商业秘密保护技术手段包括数据加密技术、访问控制技术、网络安全技术和物理安全技术等。这些技术手段的共同目的是保护企业的商业秘密，避免商业秘密被泄露、窃取或者滥用。其中，数据加密技术通过特殊的加密算法将商业秘密信息转化为无法被直接识别的密文，以保证信息在传输、存储过程中的机密性；访问控制技术则对商业秘密信息进行访问权限控制，保障商业秘密信息的机密性和完整性；网络安全技术主要包括网络安全设备和软件等，用于保护企业的网络系统免受网络攻击和恶意软件的入侵，防止商业秘密泄露或者被篡改；物理安全技术则主要用于保护商业秘密的实体安全，例如，通过门禁、监控等手段保障商业秘密在物理设备上的安全。

（二）商业秘密保护技术手段的特点

商业秘密保护技术手段多种多样，但具有共同的特点，具体如图5-7所示。

可靠性　　　　实时性　　　　可控性

图 5-7　企业商业秘密保护技术手段的特点

1. 可靠性

商业秘密保护技术需要具备可靠性，确保保密系统的稳定可靠。这意味着商业秘密保护技术需要避免系统漏洞和人为破坏，确保商业秘密的安全性和完整性。例如，在网络安全技术中，防火墙和入侵检测系统能够监控和防范网络攻击和恶意软件的入侵，确保商业秘密在网络传输和存储过程中的安全。

2. 实时性

商业秘密保护技术需要具备实时性，保障商业秘密在传输过程中得到实时保护。这意味着商业秘密保护技术能够快速识别和处理信息传输中的安全威胁。

3. 可控性

商业秘密保护技术需要具备可控性，对不同的用户进行授权管理。这意味着商业秘密保护技术能够确保商业秘密只能被授权人员访问和使用。例如，在访问控制技术中，通过身份验证、权限管理等手段来控制商业秘密的访问和使用，确保商业秘密不会被未经授权的人员访问。

二、商业秘密保护技术手段的作用与适用性

（一）商业秘密保护技术手段的作用

商业秘密保护技术手段是指企业所采取的一系列技术措施，用于保护商业秘密不被泄露或者侵犯。商业秘密保护技术手段包括加密传输、

设置防火墙、访问控制、授权访问等，这些技术手段的作用主要体现在以下三方面：第一，技术手段可以防范各种威胁商业秘密安全的行为，加强对商业秘密的保护，减少商业秘密泄露和被侵犯的风险，确保商业秘密的安全；第二，技术手段可以保护企业商业秘密不被非法竞争者窃取和利用，维护市场公平竞争秩序，促进经济发展；第三，为企业的合法维权提供技术支持，如在商业秘密侵权诉讼中提供技术取证、证据分析等方面的帮助，维护企业的合法权益。

（二）商业秘密保护技术手段在企业实践中的适用性

商业秘密保护技术手段在企业实践中具有广泛的适用范围。不同领域和行业可以根据自身需求选择不同的技术手段，保障商业秘密的安全性和保密性。企业可以通过加密、防火墙、访问控制等多种技术手段加强对商业秘密的保护，建立完整的商业秘密保护制度，增强员工的保密意识和保密能力，降低商业秘密被泄露或侵犯的风险。利用技术手段可以防范各种网络攻击和病毒侵袭，保护商业秘密的安全，避免商业秘密被非法竞争者窃取和利用。在商业秘密侵权责任案件中，运用技术手段可以作为证据。法院会根据相应的技术标准和专业知识，评估这些技术手段的真实性和有效性，并根据实际情况进行裁决。

三、商业秘密保护技术手段的应用

商业秘密保护技术手段，包括数据加密技术、访问控制技术、网络安全技术和物理安全技术等，接下来分别介绍各商业秘密保护技术手段的应用，如图5-8所示。

数据加密技术的应用

访问控制技术的应用

网络安全技术的应用

物理安全技术的应用

图 5-8　商业秘密保护技术手段的应用

（一）数据加密技术的应用

数据加密技术是一种保障信息传输安全的技术，主要包括对称加密和非对称加密。对称加密是一种加密方式，加密和解密使用同一个密钥，其优点是加密速度快，但密钥的安全性需要考虑。在商业秘密保护中，企业可以使用对称加密算法（如 DES、3DES、AES 等），对商业秘密进行加密处理。在数据传输和共享过程中，只有授权的用户才能使用相应的密钥进行解密，进而查看和使用商业秘密。企业可以通过授权管理的方式，对具有不同权限的用户进行分类管理，从而实现对商业秘密的保护。

非对称加密则是一种加密和解密使用不同密钥的加密方式，其密钥安全性高，但加密速度较慢。在商业秘密保护中，企业可以使用非对称加密算法（如 RSA 算法），对商业秘密进行加密处理。在数据传输和共享过程中，只有持有相应私钥的用户才能进行解密，进而查看和使用商业秘密。

在商业秘密保护中，企业可以合理利用两种不同的加密技术对商业秘密进行加密处理，以确保商业秘密在传输、存储等过程中的安全。同时，在进行商业秘密的传输和共享时，只有授权的用户才能解密和查看商业秘密的内容，从而有效地保护商业秘密的安全。

（二）访问控制技术的应用

访问控制技术主要对系统的访问权限进行控制，确保只有授权的用户才能访问和使用商业秘密，从而避免商业秘密被非法利用和非法获取的风险。身份验证是访问控制技术的第一步，用于验证用户的身份是否合法。身份验证的方式包括密码验证、指纹识别、人脸识别等。通过身份验证，系统可以确定用户是否有权限访问商业秘密。接下来是权限分配，在访问控制系统中，每个用户都被赋予诸如读、写、修改等操作权限，企业根据不同用户的需求和角色分配不同的权限，从而确保商业秘密只能被授权人员访问和使用。访问控制系统可以记录每个用户的访问记录和操作记录，包括访问时间、操作类型、访问内容等，之后利用审计跟踪，对用户访问商业秘密的行为进行监控。

在商业秘密保护中，企业可以通过实施访问控制技术，对商业秘密的访问权限进行管理和控制，从而确保只有授权的人员才能访问和使用商业秘密。企业可以通过网络访问控制技术，对员工在公司内部网络的访问进行控制和管理；可以通过身份认证技术，对企业门禁进行控制，只有授权人员才能进入重要区域等。同时，企业还需要定期对访问控制系统进行检查和维护，确保其正常运行。

（三）网络安全技术的应用

网络安全技术主要利用网络安全设备和软件等，保障企业网络系统的安全性。网络防火墙是网络安全的第一道防线，通过对网络数据包进行检查过滤，防止网络攻击和恶意软件的入侵。企业可以通过配置网络防火墙规则，控制网络访问权限，防止未经授权的用户访问企业网络和商业秘密。在检测和防范网络攻击时，企业可以利用入侵检测系统。入侵检测系统可以对网络流量进行实时监控和分析，及时发现和拦截攻击行为，保护企业网络系统和商业秘密的安全。企业还可以在网络入口处安装入侵防御系统、防病毒网关等安全设备，防止网络攻击和病毒的恶意入侵。

在商业秘密保护中，企业可以通过实施网络安全技术，对企业的网络进行保护，防范网络攻击和恶意软件的入侵，从而保障商业秘密在网络传输和存储过程中的安全。企业还可以采取网络安全管理措施，如定期扫描漏洞、加强员工培训等，提高企业网络安全防护能力和管理水平，更好地保护商业秘密。

(四) 物理安全技术的应用

物理安全技术通过使用物理手段保障企业设施、设备和物品等的安全，常用的物理安全技术是门禁控制技术。企业通过设置门禁系统，只允许授权人员进入重要区域，避免未经授权的人员进入，从而降低商业秘密泄露的风险。企业可以设置视频监控系统，对企业内部区域进行监控和录像，及时发现异常情况并采取应对措施，防止商业秘密被窃取等。企业还可以设置安全警报系统，该系统可以在企业发生异常情况时通过警报设备发出报警信号，提醒相关人员采取应对措施。

在商业秘密保护中，企业可以通过实施物理安全技术，对企业内部区域进行保护，从而防范人为破坏和非法侵入，保障商业秘密在实体环境中的安全。在实施物理安全技术时，企业需要遵守相关法律法规，保护员工和访客的人身安全和隐私权，避免侵犯其合法权益。同时，企业应定期检查和维护物理安全设备，确保其正常运行。

四、使用商业秘密保护技术手段的法律风险和法律责任

商业秘密保护技术手段的使用可能会带来一些法律风险和法律责任。

例如，一些技术手段可能会侵犯他人的隐私权、知识产权等。企业应当了解并注意这些风险，以便采取预防和应对措施。

（一）使用商业秘密保护技术手段的法律风险

1. 安全性问题

商业秘密保护技术手段的安全性问题是企业需要考虑的首要问题之一。一些技术手段可能会被黑客攻击或病毒感染，导致商业秘密泄露。例如，网络防火墙和入侵检测系统可能存在漏洞，黑客可以通过漏洞攻击系统，获取商业秘密。如果商业秘密泄露，企业将面临严重的经济损失，也将承担相应的法律责任。

2. 隐私权问题

商业秘密保护技术手段的使用可能会侵犯他人的隐私权。例如，在视频监控系统中使用人脸识别技术会侵犯被监控者的隐私权。如果企业使用商业秘密保护技术手段侵犯了他人的隐私权，将面临诉讼或其他法律责任，甚至可能被要求停止使用相关技术手段。

3. 知识产权问题

商业秘密保护技术手段的使用可能会侵犯他人的知识产权。例如，企业使用未经授权的软件或其他技术来保护商业秘密，从而侵犯他人的知识产权。如果企业被发现侵犯了他人的知识产权，将面临诉讼或其他法律责任，并需要承担相应的赔偿责任。

（二）使用商业秘密保护技术手段的法律责任

企业应当遵守相关法律法规，合法使用商业秘密保护技术手段。如果技术手段的使用导致商业秘密泄露或其他法律问题，企业可能面临以下法律责任。

1.违反法律法规的责任

企业在采用商业秘密保护技术手段时，应当遵守《中华人民共和国反不正当竞争法》《中华人民共和国民法典》等相关法律法规，否则将面临行政处罚或刑事责任。例如，如果企业使用未经授权的软件或技术，违反了知识产权法律法规，将面临知识产权侵权行政处罚或民事诉讼。

2.侵犯他人权利的责任

如果企业采用的商业秘密保护技术手段侵犯了他人的隐私权或知识产权等权利，企业需要承担相应的法律责任，包括民事赔偿、刑事责任等。例如，企业将监控摄像头安装在不合适的区域，侵犯了员工或其他人的隐私权，可能会面临相应的民事诉讼或行政处罚。

3.未履行保密义务的责任

企业在使用商业秘密保护技术手段时，应当确保相关人员履行保密义务，否则可能导致商业秘密泄露，面临相应的法律责任。例如，企业未严格执行保密制度，导致员工泄露商业秘密，企业可能需要承担相应的民事赔偿和行政处罚。

五、商业秘密保护技术手段的完善

（一）制定技术标准和规范

制定相应的技术标准和规范是保护商业秘密的重要手段之一。技术标准和规范的制定可以促进技术的发展和创新，提高技术的规范性和可操作性，还可以提高技术的可信度，从而增强对商业秘密的保护。

技术标准和规范可以帮助企业选择合适的商业秘密保护技术手段，确保其安全性、保密性和合法性。技术标准和规范的制定需要结合实际情况和技术特点，从多方面考虑，如安全性、可靠性、实用性、可操作性等，以保证技术标准和规范的科学性和有效性。相关部门可以制定技术标准和规范，要求企业采用符合标准的技术手段进行商业秘密保护。

企业也可以结合自身的实际情况和技术需求，制定相应的技术标准和规范，如网络安全规范、信息安全管理制度等，进而完善商业秘密保护技术手段。

（二）完善技术保护制度和监管机制

完善技术保护制度和监管机制，以防止技术被滥用、盗用。技术保护制度和监管机制应包括对技术使用人员的资格审查、技术保密协议的签订、技术安全管理体系的建立、技术使用的追溯管理等内容。同时，企业还应配备专门的技术保护管理人员，定期开展技术安全检查和漏洞分析，及时发现和处理技术风险。

企业可以制定相应的技术保密管理制度，该制度应包括明确保密责任和义务、加强技术保密培训和宣传、完善技术保密协议、强化技术保密管理和监管、加强技术保密追溯管理、指定技术保密责任人和构建管理团队等方面的内容。通过完善技术保护制度和监管机制，企业可以更有效地保护商业秘密的安全性和合法性，最大限度地避免技术风险和法律风险。

（三）加强技术安全管理和制订应急预案

企业要加强技术安全管理和制订应急预案。技术安全管理是企业实施技术保护的基础。企业应制定相应的技术管理规范，包括技术安全检查、漏洞分析等方面。加强对技术使用人员的资格审查，并要求技术使用人员签订技术保密协议，明确技术保密的责任和义务。

应急预案是企业应对技术风险和突发事件的重要手段。企业应制订完善的应急预案，明确技术安全管理的流程和措施，提高技术保护能力。应急预案需要定期修订和完善，以确保在发生技术问题时能够快速响应、及时处理。应急预案还需要与其他相关预案衔接,形成完整的应急管理体系,从而更好地保障商业秘密的安全性。

第四节 企业商业秘密保护的法律手段

一、商业秘密保护法律手段的分类和特点

(一)商业秘密保护法律手段的分类

根据《中华人民共和国民法典》《中华人民共和国刑法》和《中华人民共和国反不正当竞争法》的相关规定,商业秘密保护法律手段的分类如图5-9所示。

- 保密制度
- 保密协议
- 竞业禁止协议
- 知识产权保护
- 反不正当竞争保护
- 合同类保护
- 强制性法律保护

图5-9 商业秘密保护法律手段的分类

1.保密制度

保密制度是企业内部建立的一套商业秘密管理制度,通过内部规定、管理程序等,对商业秘密进行全面管理和保护。保密制度的实施可以从

源头上保护商业秘密的安全，包括管理、技术和文化等方面。

2.保密协议

保密协议是企业与员工签订的保护商业秘密的协议，可以约定保密内容、保密期限、违约责任等事项，具有很强的法律效力，能有效地保护商业秘密的安全。

3.竞业禁止协议

竞业禁止协议是企业与员工签订的协议，约定员工离职后在一定期限内不得从事与原企业相同或相似的业务活动。签订竞业禁止协议，可以避免员工利用企业商业秘密从事竞争活动，从而保护商业秘密的安全。

4.知识产权保护

企业可以通过获得专利、商标、著作权等知识产权的方式来保护商业秘密。《中华人民共和国专利法》《中华人民共和国商标法》《中华人民共和国著作权法》等法律规定了权利人保护自己的专利、商标、著作权的方式，防止他人非法侵犯。

5.反不正当竞争保护

企业可以依据《中华人民共和国反不正当竞争法》起诉为获取经济利益，采取不正当手段，进而损害企业合法权益的竞争者，以保护商业秘密不被泄露和侵犯。不正当竞争手段包括虚假宣传、商业诋毁、商业贿赂、商业间谍、非法获取商业秘密等。

6.合同类保护

依据《中华人民共和国民法典》，企业与合作伙伴或者员工之间所签订的保密协议或者相关合同等可对履约双方进行约束。任何一方出现违背合同或协议的行为，都将依法受到处罚，以保障双方的正当权益。

7.强制性法律保护

依据《中华人民共和国刑法》等法律，商业秘密受到侵犯后，企业可使用法律手段维护自己的合法权益。侵犯商业秘密的行为可以是民事侵权行为，例如泄露、盗用、抄袭等，也可以是刑事犯罪行为，例如盗窃商业秘密、敲诈勒索、非法侵入计算机信息系统等。商业秘密受到侵犯后，企业可以通过民事诉讼、刑事诉讼、行政诉讼等法律途径维护自己的权益、获得赔偿、惩罚侵权人等。

（二）商业秘密保护法律手段的特点

企业可以根据不同的情况，单独或综合使用商业秘密保护的法律手段，以达到最好的商业秘密保护效果。

1.适用范围和涉及面广

商业秘密保护的法律手段覆盖了保密制度、保密协议、竞业禁止协议、知识产权保护、反不正当竞争保护、合同类保护、强制性法律保护等方面，为商业秘密的保护提供了全面的法律保障。

2.操作灵活，具有针对性

企业可以根据不同的商业秘密类型，采用不同的法律保护手段，例如可以通过制定保密协议、加强对员工的培训和监督、加强对供应商和客户的管理、采取知识产权保护措施等手段，从不同层面和角度保护商业秘密的安全。

3.法律效力强

商业秘密保护的法律手段是在法律框架下实施的，具有较强的法律效力，可对商业秘密提供有力的保护。例如，泄露、侵犯、披露商业秘密等行为都会被追究法律责任。

二、商业秘密保护法律手段的适用范围和价值

（一）商业秘密保护法律手段的适用范围

1.商业秘密必须具有合法性和合规性

企业商业秘密不得违反《中华人民共和国民法典》《中华人民共和国

反不正当竞争法》等法律法规的规定。此外，商业秘密还需要遵守相关行业的规定，如医药、食品等行业有关商业秘密的规定。商业秘密的合规性指商业秘密的来源合法，若商业秘密是通过窃取或其他不正当手段获得的，则该商业秘密不受法律保护。

2. 商业秘密必须具有保密意义

只有少数人或特定的人群掌握的信息，才能够采用法律手段进行保护。如果商业秘密已经被公开或者已经为公众所知晓，那么商业秘密就失去了保密性，就不能再采用法律手段进行保护。保密意义主要取决于商业秘密本身的性质和掌握商业秘密的人员。商业秘密的内容越敏感，商业秘密的价值越高，商业秘密涉及的范围越广，商业秘密的保密性就越强。同时，商业秘密的掌握人员越少，商业秘密的保密性也就越强。

3. 商业秘密必须具有经济价值

只有商业秘密具有实际的经济价值或潜在的经济价值，企业才有必要采用法律手段对其进行保护。其经济价值表现在多个方面，例如商业秘密能够为企业带来商业机会、市场优势、盈利机会等实际的经济利益，也可以为企业提供技术创新、产品创新等潜在的经济利益。商业秘密的保密成本，即企业为保护商业秘密所花费的成本，也是商业秘密经济价值的一部分。企业需要对商业秘密的经济价值进行评估，根据商业秘密的经济价值确定是否采用法律手段进行保护。如果商业秘密具有重要的经济价值，那么企业应该采用合适的法律手段进行保护。

4. 商业秘密必须被保护

只有商业秘密的泄露会对企业造成重大的损失，企业才有必要采用法律手段对其进行保护。从另一个角度而言，保护商业秘密是企业保护自身权益的重要任务。企业采取措施时应当综合考虑商业秘密的重要性、泄露的可能性、泄露后的影响等因素。如果商业秘密非常重要，泄露的可能性很大，并且泄露后的影响很严重，那么企业就需要采取严格的保密措施，比如加强内部控制、限制授权、采用加密技术等。

（二）商业秘密保护法律手段的价值

1. 为企业提供法律保障，保护其商业秘密不被侵犯和泄露

商业秘密是企业的重要财产和资源，泄露商业秘密会导致企业的重大经济损失。商业秘密保护法律手段能够为企业和个人提供法律保障，保护其商业秘密不被侵犯和泄露。

商业秘密保护法律手段包括但不限于起诉侵犯商业秘密的行为、签订保密协议、制定内部保密规定等。起诉侵犯商业秘密的行为是指将侵犯商业秘密的行为告上法庭，要求侵权方停止侵权、赔偿损失等。签订保密协议是指在商业活动中签订协议，规定保密义务、保密期限、违约责任等事项，以保障商业秘密不被泄露。制定内部保密规定是指企业建立内部保密制度，规定保密责任、保密措施等，保障商业秘密不被泄露。

在商业活动中，企业应该重视商业秘密的保护，根据具体情况采用合适的法律手段。比如，在商业谈判中，企业可以签订保密协议，规定保密义务，避免商业秘密被泄露。在商业竞争中，企业可以通过诉讼等法律手段，保护自身的商业秘密不被侵犯和泄露。

2. 维护企业的合法权益

在商业活动中，商业秘密的保护涉及多个方面的权益，包括知识产权、商业信誉等。商业秘密被侵犯或泄露可能导致知识产权被侵犯，例如，在技术创新领域，商业秘密的泄露可能导致专利被侵犯，从而影响企业的技术创新和发展。商业秘密被侵犯或泄露也会影响企业的商业信誉，导致消费者对企业的信任度降低，影响企业的声誉和市场竞争力。

商业秘密保护法律手段可以维护企业的合法权益。在商业活动中，企业可以利用知识产权保护相关法律手段，保护自己的专利权、商标权、著作权等知识产权，促进技术创新和经济发展。另外，商业秘密保护法律手段也可以维护公平竞争的市场秩序，防止不正当竞争的行为，保障市场的公平竞争。

3.推动社会经济的发展

商业秘密是企业的重要财产和资源,商业秘密的保护对企业的发展至关重要。商业秘密保护法律手段可以促进企业的技术创新、产品创新,提高企业的市场竞争力,推动经济的发展。

商业秘密保护法律手段对于企业的技术创新和产品创新具有重要意义。企业的技术创新和产品创新通常依赖于商业秘密。商业秘密的泄露可能导致企业的技术和产品被抄袭或模仿,从而失去市场竞争力和经济利益。通过法律手段保护商业秘密,企业可以保护商业秘密不被泄露,从而促进技术创新和产品创新。

此外,商业秘密保护法律手段还可以提高企业的市场竞争力,商业秘密的保护可以帮助企业在市场竞争中占据优势地位,提高市场竞争力。通过法律手段保护商业秘密,企业可以获得更多的经济利益,从而推动自身的发展。

三、商业秘密保护法律手段的完善

(一)商业秘密保护法律法规的完善

我国针对商业秘密保护的法律法规主要包括《中华人民共和国民法典》《中华人民共和国反不正当竞争法》《中华人民共和国刑法》等。我国还在不断完善商业秘密保护的法律体系。例如,《最高人民法院关于审理侵犯商业秘密民事案件适用法律若干问题的规定》进一步明确了商业秘密的定义和认定标准,为商业秘密案件的审理提供了指导。

同时,我国还在积极推进商业秘密保护法律法规的国际化进程。我国已经加入了《建立世界知识产权组织公约》等国际条约,为企业在国际上开展商业活动提供了更有力的法律保障。

（二）商业秘密保护标准和规范的建设

商业秘密保护标准和规范的建设是商业秘密保护的重要组成部分。商业秘密的定义、判定标准、保护期限等方面的标准和规范，对商业秘密的保护起着至关重要的作用。制定统一的商业秘密定义和判定标准，能够减少商业秘密保护的不确定性，为商业秘密的保护提供更加明确和具体的依据。此外，保护期限的规定可以更好地维护企业的合法权益，防止商业秘密泄露后无法追究责任的情况发生。建立一套完善的商业秘密保护标准和规范，可以引导企业建立科学合理的商业秘密保护制度，从而更好地落实商业秘密保护工作。

（三）商业秘密保护的法律宣传和教育

第一，政府部门可以与行业协会、专业机构等合作，组织开展商业秘密保护的培训和宣传活动，使企业更深入地了解商业秘密保护法律制度。政府部门也可以制定奖惩措施，鼓励企业加强商业秘密保护工作。

第二，商业秘密保护的法律宣传和教育还需要注重创新。随着技术的不断进步和商业模式的不断更新，商业秘密保护的形式和方法也在不断变化，因此政府部门需要不断推陈出新，有针对性地开展法律宣传和教育活动，以适应新时代的商业秘密保护需求。

第三，企业应加强企业文化建设，提高员工的法律意识和职业道德素质，从根本上保障商业秘密的安全。企业可以通过制定相关的规章制度、加强员工培训和考核等方式，建立全员参与的商业秘密保护机制，从而构建一个更加稳健的商业秘密保护体系。

第六章　企业商业秘密保护的诉讼途径

第一节　通过民事诉讼予以救济

民事诉讼是企业保护商业秘密的重要手段之一。企业若发现自己的商业秘密遭受泄露、盗用、侵犯，可以通过民事诉讼来维护自己的合法权益。民事诉讼的方式包括起诉、申请禁止令、请求损害赔偿等。

一、起诉

企业在起诉商业秘密侵权行为时，需要遵循民事诉讼的要求和流程。起诉的过程包括向法院提起诉讼，请求法院判决对方停止侵犯企业商业秘密的行为，并请求赔偿损失。

起诉商业秘密侵权行为的要求和流程如下。

第一步，企业提交起诉状。企业需要向有管辖权的法院提交起诉状，起诉状中需要详细说明案件的基本事实、理由、诉讼请求、所依据的法律条文以及证据清单等。

第二步，法院受理和审理案件。法院在收到起诉状后，将通知被告，被告需要在规定的期限内提交答辩状，说明自己的答辩意见和相关证据。法院在收到被告的答辩状后，将组织庭前会议，双方可以就争议问题进行协商和调解。如果庭前会议未能达成和解，法院将安排开庭审理，双方可以就案件事实和证据进行辩论和质证。

第三步，法院判决结果。法院将根据双方的辩论和质证，结合案件事实和法律规定作出判决。如果原告胜诉，法院将要求被告停止侵犯商业秘密的行为，并要求被告赔偿原告的经济损失和合理支出，包括但不限于律师费、鉴定费等。

在起诉商业秘密侵权行为时，企业需要保护好自己的证据，并提供充分的证据证明被告的侵权行为和造成的经济损失。企业还需要明确自己的诉讼请求，选择具有专业知识和经验的律师团队协助自己进行诉讼，以提高胜诉的概率。企业需要遵循法律规定和程序，确保起诉的有效性。收集、整理和保护好与案件有关的证据，包括但不限于书面证据、电子证据、物证和证人证言等，以证明被告已经侵犯了企业的商业秘密。同时，企业还需要评估证据的可信度，确保证据的真实性和完整性。

企业在起诉商业秘密侵权行为时，需要选择合适的法院。一般来说，企业应该选择与案件有关的地区的中级人民法院或基层人民法院，并根据被告的住所或所在地确定管辖地。企业还应该了解当地法院的审判标准和审判程序，以便更好地准备和应对诉讼过程中的各种问题。

企业在起诉前还可以通过友好协商、调节的方式，与被告达成和解协议。友好协商和调解的方式可以减少诉讼的成本和风险，保护企业的商誉和声誉。如果协商和调解无法达成一致，企业可以选择起诉的方式来保护自己的商业秘密权益。

二、申请禁止令

申请禁止令是保护商业秘密的重要手段之一。当企业发现自己的商业秘密已经被泄露或存在被泄露的风险时，可以向法院申请禁止令来保护自己的商业秘密。申请禁止令需要满足一定的要求和程序。

企业需要向有管辖权的法院提交申请书。申请书中应详细说明原告和被告的基本情况、商业秘密的基本情况、被告已经或可能侵犯商业秘密的事实和理由，以及请求法院颁布禁止令的具体理由和依据等。

企业提交申请书后，法院将安排庭前程序，要求原告和被告进行协商和调解，尽可能使双方达成和解协议。如果庭前调解未能成功，法院将安排开庭审理，双方可以就案件事实和证据进行辩论和质证。法院将根据庭前程序和开庭审理的情况，作出是否发出禁止令的判决。

如果法院做出颁发禁止令的判决，企业需要确保被告遵守判决，不再使用或泄露商业秘密。如果被告未能遵守判决，企业可以向法院申请强制执行，要求法院对被告采取强制措施，以确保判决得到执行。

在申请禁止令时，企业需要提供充分的证据，明确自己的诉求，选择合适的法院和管辖地，以及选择专业的律师团队协助自己进行申请。企业还需要确保被告遵守禁止令，保护自己的商业秘密不受侵犯。

（一）企业应当及时申请禁止令

商业秘密的泄露会给企业带来不可估量的损失，一旦泄露就难以挽回。因此，企业在发现商业秘密泄露或者存在泄露风险时，应当及时申请禁止令。

及时申请禁止令可以遏制商业秘密的进一步泄露。禁止令的作用是禁止被告继续使用、泄露或者披露商业秘密，遏制商业秘密的传播，防止造成更大的损失。商业秘密泄露的情况往往比较紧急和复杂，而禁止令的申请程序比较简单，申请的成功率也比较高。如果企业能够在发现商业秘密泄露时及时采取行动，申请禁止令，就可以有效地保护商业秘密，减少损失。

（二）企业需要选择合适的法院和管辖地

根据《中华人民共和国民法典》及相关法律规定，商业秘密纠纷案件应当由涉案商业秘密所在地或者侵权行为发生地的基层人民法院管辖。企业在申请禁止令时，应当遵循该原则，选择合适的法院和管辖地。

选择合适的法院和管辖地可以提高申请禁止令的成功率。当地法院对商业秘密纠纷案件有丰富的审理经验和较高的专业水平，可以降低企业的申请成本。

（三）企业需要选择专业的律师团队协助自己进行申请

专业的律师团队可以帮助企业申请禁止令。专业的律师团队可以协助企业进行资料收集、证据分析和法律分析等，帮助企业制订合理的申请方案。

专业的律师团队对商业秘密保护的相关法律法规有着深刻的理解和认识，能够避免企业在申请过程中犯错，降低申请被驳回的风险。律师团队还能够充分利用自身的专业知识和经验，为企业提供更加全面和准确的法律建议和指导，从而提高申请的成功率。

三、请求损害赔偿

如果企业的商业秘密遭受了侵犯，企业可以向法院请求对方支付损害赔偿。以下是请求损害赔偿的要求和程序，如图6-1所示。

第六章 企业商业秘密保护的诉讼途径

```
                请求损害赔偿的要求和程序
                    ┌───────────┴───────────┐
              请求损害赔偿的要求          请求损害赔偿的程序

              商业秘密已被侵犯              提起诉讼

              实际损失已产生              证明商业秘密已被侵犯

              侵权方存在的过错            证明实际损失

                                          证明侵权行为的过错

                                          判决
```

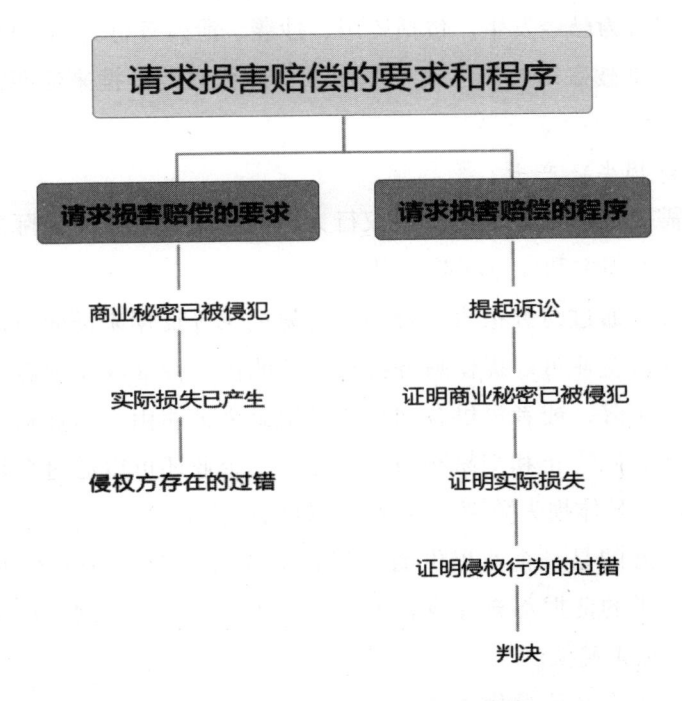

图 6-1　请求损害赔偿的要求和程序

（一）请求损害赔偿的要求

企业在请求损害赔偿时需要满足以下要求。

1.商业秘密已被侵犯

商业秘密是企业的重要财产，一旦被泄露、盗用或者抄袭，将给企业带来严重的经济损失。因此，企业在请求损害赔偿时，需要证明商业秘密已经被侵犯。

企业需要证明自己所宣称的信息是商业秘密，并且明确商业秘密的定义和范围。企业需要提供证据证明商业秘密已经被泄露，包括证人证言、书证、电子邮件等。例如，企业可以提供证人证言、截屏证据、数据分析报告等来证明商业秘密已经被泄露。企业需要提供证据证明商业秘密的侵权行为已经发生，包括盗用、抄袭、泄露等行为的证据。例如，企业可以提供被盗用的产品或技术图纸、源代码等证据来证明商业秘密已经被盗用。

2.实际损失已产生

企业需要证明商业秘密的侵权行为已经给企业造成了实际的经济损失，包括财产损失和商业利益的损失等。

企业可以通过财务报表、合同、交易记录等证据来证明自己的经济损失。例如，企业可以提供财务报表来证明由于商业秘密泄露或侵犯导致的销售额下降，或者提供合同和交易记录来证明由于商业秘密泄露或侵犯导致的合同终止和交易额减少。此外，企业还可以通过会计师或者评估师来评估具体损失数额，以提高证据的可信度。

需要注意的是，企业提供的证据必须合法有效，并符合司法要求。如果企业提供的证据不充分或者不合法，法院将不予采纳，从而导致企业无法获得损害赔偿。

3.侵权方存在的过错

在请求损害赔偿时，企业需要提供充足的证据证明对方存在过错，这些证据包括侵权行为的时间、地点、方式、过错人员的身份和行为等。

企业需要收集与商业秘密侵权行为相关的证据。这些证据包括电子邮件、短信、录音、录像、合同、备忘录、报告、财务文件等。这些证据可以证明侵权行为的发生，以及侵权行为对企业造成的实际经济损失。

企业需要对证据进行分析和梳理，以证明对方的侵权行为是有意或者过失造成的。例如，企业可以通过电子邮件和短信的内容来证明对方故意泄露商业秘密，或者通过合同和财务文件来证明对方存在过失。

企业需要对证据进行逐一呈现和证实。企业可以通过出庭做证、提交书证、聘请鉴定人等方式来证明证据的真实性和可信度。只有证明对方存在过错，企业才有权利请求损害赔偿。

（二）请求损害赔偿的程序

企业在请求损害赔偿时需要按照以下程序进行。

1.提起诉讼

企业需要向法院提交起诉状，明确诉讼的请求和事实根据，包括请求对方支付的损害赔偿数额和理由等。起诉状需要按照法定格式书写，注明当事人的姓名、地址、诉讼请求、事实、理由、证据等内容。

在提起诉讼时，企业还需要提交证据证明对方的侵权行为。证据需要充分、确凿、合法，并能够证明商业秘密的侵权行为已经给企业造成了实际的经济损失。证据包括商业秘密的保密措施、商业秘密泄露的时间和地点、商业秘密被盗用或抄袭的事实等。

除了起诉状和证据，企业还需要支付适当的诉讼费用和保证金等。诉讼费用和保证金的数额根据不同的案件类型和争议金额而定。

提起诉讼是请求损害赔偿的关键一步，企业需要妥善准备并选择合适的律师团队来协助自己进行诉讼，以提高诉讼的成功率。

2.证明商业秘密已被侵犯

证明商业秘密已被侵犯是请求损害赔偿的重要前提之一。企业需要提供充足的证据证明商业秘密已被侵犯。

企业首先需要提供商业秘密的保密措施。商业秘密的保密措施是指企业采取的保护商业秘密的合法措施。企业可以通过制定保密制度、签署保密协议、限制员工权限、安装安全设备等方式来保护商业秘密。企业需要在诉讼中提供这些保密措施的具体细节和实施情况。

其次，在保证保密措施有效的前提下，企业需要详细描述商业秘密的泄露情况，包括泄露的时间、地点、方式等，以证明商业秘密已被侵犯。企业需要提供商业秘密被盗用或抄袭的具体事实和证据，以证明商业秘密侵权行为已发生。例如，企业可以提供侵权方的涉案文件、产品或技术规格等证据，以证明商业秘密已被盗用或抄袭。

最后，企业需要在诉讼中详细描述商业秘密的性质和价值。企业需要证明商业秘密的合法性和重要性，以及商业秘密泄露对企业造成的损失和影响。企业可以提供商业秘密的技术规格、商业计划、市场分析等证据，证明商业秘密的价值和重要性。

3. 证明实际损失

企业在证明实际损失时需要提供充足的证据。企业需要提供财务报表，比如损益表、资产负债表等，来证明商业秘密侵权行为给企业造成的财务损失。另外，企业要提供合同或者协议等文件，以证明侵权行为导致的合同违约、损失等实际损失。例如，企业的商业合作伙伴未经授权披露了商业秘密，导致企业的合同被终止，企业可以通过合同等文件证明损失的发生和损失数额。此外，企业还可以提供交易记录等其他证据，以证明侵权行为给企业带来的实际损失。

在计算和分析实际损失时，企业需要根据具体情况进行合理的计算和分析。例如，对于商业秘密泄露导致的财务损失，企业可以通过比较商业秘密泄露前后的财务数据来计算损失。对于商业合同被终止导致的损失，企业需要根据合同条款和市场情况进行合理的计算和分析。企业需要注意证据的合法性和可信度，以确保证据的有效性。

4. 证明侵权行为的过错

证明侵权行为的过错是请求损害赔偿的一个关键步骤。企业需要提供充足的证据证明对方存在过错。企业可以提供以下内容证明对方的过错。

（1）侵权行为的时间、地点、方式等。企业可以通过相关记录和证人证言等证据证明对方的侵权行为。

（2）过错人员的身份和行为。企业需要证明对方的侵权行为是由某些特定的人员所为，可以提供相关记录和证人证言等证据。

（3）调查报告等证据。企业可以聘请专业机构对侵权行为进行调查，并以调查报告为证据。

（4）书面证据。企业可以通过提供与侵权行为相关的文件、合同、协议等书面证据来证明对方的过错。

5. 判决

在请求损害赔偿的整个诉讼中，判决是最后一步。法院将根据证据和法律规定进行判决，并判决对方支付相应的损害赔偿。赔偿数额应与企业实际损失相当，包括企业因维权而产生的合理费用和其他损失，如诉讼费用、律师费用等。如果对方不服判决，可以在规定的时间内提起上诉，企业需要继续维护自己的权益。在执行判决时，企业可以向法院申请强制执行，充分维护自己的权益。

四、民事诉讼的注意事项

企业在进行民事诉讼时需要注意一些事项，具体如图 6-2 所示。

1 证据的收集和保护	4 选择合适的诉讼方式
2 选择专业的律师团队	5 遵守法律程序
3 友好协商	6 诉讼成本和风险

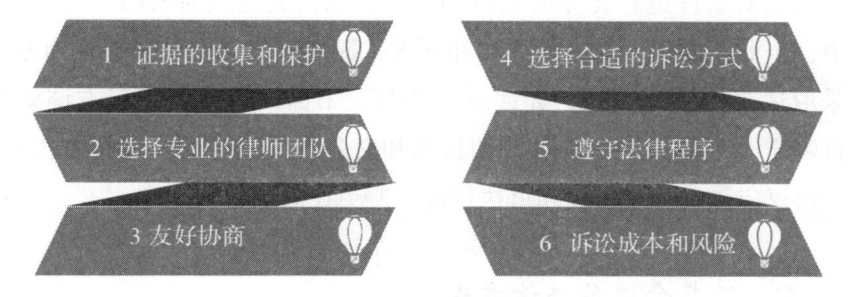

图 6-2　民事诉讼需要注意的事项

（一）证据的收集和保护

企业需要在发生纠纷后及时收集相关证据，如书面文件、电子邮件、短信、录音、视频等，以确保证据的完整性和可信度。企业需要全面、准确地搜集相关信息，保留原始资料，并保证证据的真实性，防止因证据问题而影响诉讼的结果。对于电子数据等非实物证据，企业需要采取特殊的措施进行保护和鉴定。企业需要了解电子数据鉴定的相关法律规定，寻找有资质的鉴定机构进行鉴定。

（二）选择专业的律师团队

企业需要选择具备相关专业背景和丰富经验的律师团队，律师的信誉和口碑也是企业选择律师团队时需要考虑的重要因素。企业可以通过网络搜索或者他人了解律师的口碑和声誉，以确保律师具有足够的专业知识和实践经验。此外，企业还需要了解其收费标准和合同条款，进而确保律师费用的合理性，并避免在合同条款上出现争议，影响自身的利益。

（三）友好协商

企业在起诉前可以通过友好协商的方式解决纠纷。企业需要明确自己的权益和底线，以及案件审理过程中可能出现的不利情况。企业可以在协商前对案件进行充分的调研和分析，以便制定应对策略。在协商过程中，企业需要了解对方的立场和诉求，探讨解决问题的可能性和方法，并采取适当的协商方式，如面对面谈判、书面沟通或者第三方调解等，并且制定合理协议，明确各方的权利和义务，以及协议的履行方式和期限。协议应该具有合法性和可执行性，避免在后期出现问题。

（四）选择合适的诉讼方式

在进行民事诉讼时，选择合适的诉讼方式是非常重要的，因为不同的诉讼方式会给企业带来不同的成本和风险。企业可以选择诉前调解、仲裁或诉讼等方式进行维权。

诉前调解通过对话和协商来解决纠纷，从而减少诉讼成本和风险。在选择诉前调解时，企业需要了解调解程序和规则，并且选择合适的调解机构。

仲裁通常会更快地解决争议，减少诉讼的成本和时间。在选择仲裁时，企业需要了解仲裁规则和程序，选择有资质的仲裁机构，并且需要与对方当事人达成仲裁协议。

诉讼是最常见的维权方式，它通常会经过多个阶段和程序，需要耗费更多的时间和成本。在选择诉讼的方式时，企业需要了解诉讼的程序和规则，选择合适的法院和律师团队，以及制订合理的诉讼策略和计划。

（五）遵守法律程序

在进行民事诉讼时，企业必须严格遵守法律程序，以确保案件顺利进行，并且能够得到公正的裁决。企业需要遵守起诉时限和证据提交时限等法律程序，在规定的时间内向法院提交证据，以确保证据的合法性和可信度。在诉讼过程中，企业需要与律师密切合作，提供充分的信息和材料，以便律师能够准确地了解案件，并为企业制订合理的诉讼策略和计划。企业还需要遵守庭审程序，准备好庭审材料和证据，并按照法定程序进行辩论。

（六）诉讼成本和风险

在进行民事诉讼时，企业需要注意诉讼成本和风险。除了律师费用，还有其他费用，如诉讼保全费、鉴定费、证据保全费等。这些费用可能会对企业的财务状况产生一定的影响，因此企业需要对诉讼成本进行合理的计划和管理。企业还需要考虑诉讼的风险，如败诉的可能性、对企业声誉的影响等。在民事诉讼前，企业需要进行综合考虑，权衡利弊，确保维护自己的合法权益的同时，最大限度地减少诉讼成本和风险。企业可以选择诉前调解或仲裁等方式来解决纠纷，以减少诉讼的成本和风险。企业应与律师密切合作，制订合理的诉讼策略和计划，以降低诉讼风险。

第二节 通过刑事诉讼予以制裁

刑事诉讼是企业商业秘密保护的重要途径之一。商业秘密不仅是企业重要的权益，也是刑法应保护的重要法益。刑事诉讼是一种国家机关通过法律程序对犯罪嫌疑人进行惩罚和制裁的方式，可以有效地打击商业秘密侵权行为，保护企业的合法权益。在商业秘密被泄露或侵犯后，企业可以通过刑事诉讼途径维护自己的合法权益，保护商业秘密的安全。

一、相关罪名

商业秘密的泄露和侵权行为主要有三种罪名。

（一）侵犯商业秘密罪

侵犯商业秘密罪是《中华人民共和国刑法》中专门规定的一项罪名，根据《中华人民共和国刑法》第二百一十九条相关规定，侵犯商业秘密罪是指以盗窃、贿赂、欺诈、胁迫、电子侵入或者其他不正当手段，侵犯商业秘密，给商业秘密的权利人造成重大损失的行为。构成要件包括实施侵犯商业秘密的行为，并且给权利人造成了重大损失。商业秘密包括技术秘密、商务秘密和管理秘密等，主要指企业在经营过程中所掌握的不为公众所知的具有经济价值的信息。

侵犯商业秘密给权利人造成了重大损失。这里的重大损失是指经济方面，主要包括给商业秘密权利人造成的数额在 50 万元以上的损失；致使商业秘密权利人破产；其他给商业秘密权利人造成的重大损失。

（二）职务侵占罪

职务侵占罪是指公司、企业或者其他单位的人员，利用职务上的便利,将本单位的财物非法占为己有,且数额较大的行为。商业秘密属于侵犯对象之一。

根据《中华人民共和国刑法》第二百七十一条规定:"公司、企业或者其他单位的工作人员,利用职务上的便利,将本单位财物非法占为己有,数额较大的,处三年以下有期徒刑或者拘役,并处罚金;数额巨大的,处三年以上十年以下有期徒刑,并处罚金;数额特别巨大的,处十年以上有期徒刑或者无期徒刑,并处罚金。"

该罪行主要包括两种:利用职务上的便利窃取、骗取、侵占本单位财物的行为,以及其他将本单位财物占为己有的行为。

行为人必须利用职务上的便利,即利用自己具有的对单位财物的支配权进行非法占有。"非法占为己有",不限于行为人所有,还包括使第三者所有;行为人非法占有的单位财物必须数额较大,为6万元以上。

(三)非法经营罪

非法经营罪是指行为人实施《中华人民共和国刑法》第二百二十五条规定所述的非法经营活动,从而构成犯罪。具体条文为:"违反国家规定,有下列非法经营行为之一,扰乱市场秩序,情节严重的,处五年以下有期徒刑或者拘役,并处或者单处违法所得一倍以上五倍以下罚金;情节特别严重的,处五年以上有期徒刑,并处违法所得一倍以上五倍以下罚金或者没收财产:(一)未经许可经营法律、行政法规规定的专营、专卖物品或者其他限制买卖的物品的;(二)买卖进出口许可证、进出口原产地证明以及其他法律、行政法规规定的经营许可证或者批准文件的;(三)未经国家有关主管部门批准非法经营证券、期货、保险业务的,或者非法从事资金支付结算业务的;(四)其他严重扰乱市场秩序的非法经营行为。"其中也涉及商业秘密的侵权行为,例如利用商业秘密从事非法经营活动等。

本罪名的主观要件为主观故意，并且具有牟取非法利润的目的。如果行为人没有以牟取非法利润为目的，而是因为不懂法律、法规，不应以本罪论处，应当由主管部门对其追究行政责任。

本罪的罪行界定明确指出，若以非法经营罪论处，必须符合三个条件：其一，该行为是一种经营行为；其二，该经营行为认定非法；其三，该经营行为严重扰乱市场秩序。因此，界定侵犯商业秘密行为是否非法经营罪，应看其是否符合上述三个条件。

二、制裁方式

在刑事诉讼中，对于侵犯商业秘密的行为，国家采取了一系列制裁方式，以维护企业的商业秘密权益，具体如图6-3所示。

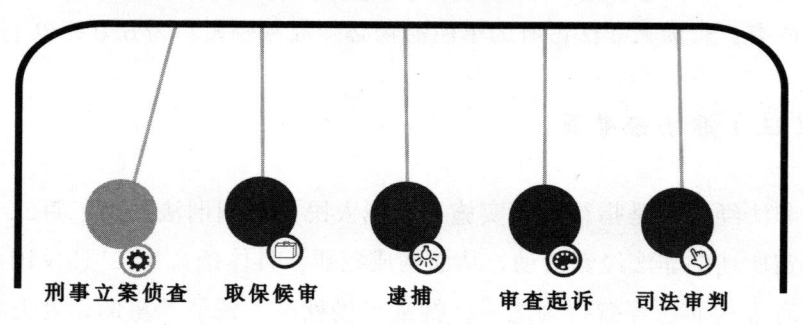

图6-3 刑事诉讼的制裁方式

（一）刑事立案侦查

当商业秘密被泄露或侵犯时，商业主体可以向公安机关报案或者公安机关自行发现线索后立案侦查。公安机关在接到报案或者发现可能涉嫌犯罪的线索后，应当依法开展立案侦查工作，采取一系列侦查措施，收集和保护相关证据，确定犯罪事实和犯罪嫌疑人的身份。

在刑事立案侦查阶段，公安机关可以依法对犯罪嫌疑人进行询问、搜查、扣押等，以及对其住所、车辆等进行调查取证，以确保案件的侦查工作顺利进行。若在侦查过程中发现犯罪嫌疑人存在逃避侦查、销毁证据、干扰调查等行为，公安机关可以依法采取限制出境、刑事拘留等强制措施。

刑事立案侦查是商业秘密保护刑事诉讼中的重要环节，是确保商业主体合法权益得到保护的关键步骤。在此过程中，公安机关应当按照法定程序，严格履行职责，确保调查取证工作的合法性和证据的真实性，同时保障犯罪嫌疑人的合法权益。

（二）取保候审

在商业秘密保护刑事诉讼中，取保候审是一种重要的制裁方式。取保候审是指在不符合拘留和逮捕条件的情况下，对犯罪嫌疑人进行监管的一种方式。其主要目的是避免犯罪嫌疑人逃跑或者干扰侦查，同时不影响其正常的工作和生活。具体来说，取保候审的程序包括确认犯罪嫌疑人身份和住所、制作保证书、对犯罪嫌疑人的日常活动进行监管等。需要注意的是，取保候审并不是所有情况下都可以采取的措施，侦查机关需要根据案件情况进行判断和决定。同时，取保候审并不等同于无罪，犯罪嫌疑人仍然需要接受法律制裁，如果罪行成立，将受到相应的刑事处罚。

（三）逮捕

侦查机关在依法取得逮捕证后，可以对犯罪嫌疑人进行逮捕。逮捕是刑事诉讼中最严厉的一种强制措施，意味着犯罪嫌疑人会被限制人身自由，被带往拘留所接受审查和调查。

逮捕适用于犯罪嫌疑人可能逃避刑事责任的情况。如果侦查机关认为犯罪嫌疑人存在逃跑的风险，就可以采取逮捕措施限制其人身自由。

逮捕可以防止犯罪嫌疑人逃跑，确保其出庭受审。

逮捕还适用于犯罪嫌疑人可能毁灭证据或者干扰侦查的情况。如果侦查机关认为犯罪嫌疑人存在毁灭证据或者干扰侦查的风险，就可以采取逮捕措施。逮捕可以限制犯罪嫌疑人的人身自由，防止其毁灭证据或者干扰侦查，以保证案件的顺利进行。

在刑事诉讼中，逮捕是一种严厉的强制性措施，侦查机关必须审慎地判断适用条件。如果逮捕决定被认为是错误的，犯罪嫌疑人可以通过起诉、申诉等手段维权，甚至可以要求国家赔偿。因此，在逮捕犯罪嫌疑人前，侦查机关必须收集充分的证据，确保逮捕决定是必要、合法和正当的。

（四）审查起诉

审查起诉是商业秘密保护刑事诉讼中的一种重要制裁方式。在侦查机关完成侦查工作，将案件移送给检察机关后，检察机关会对案件进行审查，决定是否起诉犯罪嫌疑人。如果检察机关认为证据充分、罪行成立，就会向人民法院提起公诉。

在商业秘密保护刑事诉讼中，审查起诉是对侦查机关侦查工作的审核和监督，能够保障侦查工作的合法性和严密性，并且可以保护被告人的合法权益，确保不冤枉一个好人，不放过一个坏人。审查起诉也能够维护社会公正和法治权威，防止个别公职人员或权势集团的滥用职权和干预。

在实践中，审查起诉的过程是非常复杂和烦琐的。在审查起诉的过程中，检察机关需要对证据的真实性、合法性和充分性进行审查和确认，对罪名和量刑进行评估，对程序进行审查和调整。在审查起诉的过程中，检察机关还需要与侦查机关、辩护人、被害人及其代理人、证人等多方面进行沟通和协调，使审查起诉合法、公正、客观。

在商业秘密保护刑事诉讼中,审查起诉在维护正义、保护企业合法权益、防止侵权行为等方面具有重要的意义和价值。

(五)司法审判

经过检察机关的审查起诉后,商业秘密保护案件将被移送至法院进行审判。在审判过程中,法院将会听取双方的证据和辩论,根据侵犯商业秘密的程度和情节、犯罪嫌疑人的态度和行为对案件作出判决。如果侵犯商业秘密的程度较轻,或者情节不是非常严重,法院可以对犯罪嫌疑人进行缓刑等轻判;如果侵犯商业秘密的程度较严重,或者情节极其恶劣,法院可以对犯罪嫌疑人进行有期徒刑甚至无期徒刑等重判。犯罪嫌疑人在案发后能够积极配合侦查机关的调查,认罪悔罪,主动退还涉案的商业秘密等,法院可以对其从轻处罚;如果犯罪嫌疑人态度恶劣,毫无悔改之意,法院可以对其从重处罚。

法院也会根据案件可能产生的社会影响对犯罪嫌疑人从重或者从轻处罚。

三、刑事诉讼程序

在商业秘密保护的刑事诉讼中,依据《中华人民共和国刑事诉讼法》第三十七条、第三十八条的规定:"辩护人的责任是根据事实和法律,提出犯罪嫌疑人、被告人无罪、罪轻或者减轻、免除其刑事责任的材料和意见,维护犯罪嫌疑人、被告人的诉讼权利和其他合法权益。""辩护律师在侦查期间可以为犯罪嫌疑人提供法律帮助;代理申诉、控告;申请变更强制措施;向侦查机关了解犯罪嫌疑人涉嫌的罪名和案件有关情况,提出意见。"企业可以委托律师参与刑事诉讼的每一个阶段,律师可以帮助企业了解诉讼程序,制定应对策略,并在案件的不同阶段提供法律援助。刑事诉讼程序包括如图6-4所示的几个阶段,律师在每个阶段的作用接下来详细说明。

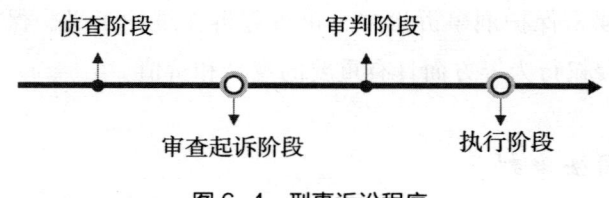

图 6-4　刑事诉讼程序

（一）侦查阶段

律师可以协助企业提供证据，包括企业自身的证据和律师调查取证的证据。律师可以根据企业的要求和案件的需要采取不同的取证方式，如询问证人、勘验现场、查阅相关文件等，以获取证据。律师可以根据案件的情况，向侦查机关提出意见和建议。例如，律师可以就证据的合法性、关键证人的证言等问题提出疑问和辩护意见，协助企业在侦查阶段保护自身权益。

（二）审查起诉阶段

审查起诉阶段是侦查机关依据侦查结果，向检察机关提起公诉，即将犯罪嫌疑人移送检察机关进行审查起诉的阶段。在这个阶段，律师可以根据侦查机关的调查结果、案情认定、犯罪嫌疑人的认罪态度等情况，为企业提供有针对性的法律建议和应对方案，协助企业提出辩护意见和请求，帮助企业准备和提交相关的申辩材料。此阶段，检察机关会组织听证会和庭审，律师可以代表企业出席听证会和庭审，并发表辩护意见，提供证据和法律观点，为企业争取合理的权益。

（三）审判阶段

这一阶段是整个刑事诉讼程序的核心，也是企业最需要律师协助的一个阶段。在审判阶段，律师可以协助企业进行庭前准备和出庭辩护。律师可以向企业介绍法院的审判程序，帮助企业了解庭审流程和注意事项，以便企业能够更好地应对庭审。律师可以根据案件事实和法律规定，准备相关证据和辩护材料，包括书面申辩意见、辩护意见书、证据清单等，以便企业能够在庭审中充分表达和展现自己的立场和证据。最重要的一点是，律师可以代表企业在庭审中陈述事实、阐明观点、质证证人和鉴定人，并就案件事实、证据和法律适用等问题向法院提出辩护意见。

需要指出的是，审判阶段非常复杂，律师需要对案件进行全面深入的分析和研究，充分掌握案件的事实和法律规定，以便在庭审中充分维护企业的合法权益。同时，律师还需要与法院和其他诉讼当事人积极沟通，以达成有利于企业的协议和解决方案。

（四）执行阶段

执行阶段是刑事诉讼程序的最后一个阶段，也是最重要的一个阶段。在这个阶段，判决书需要得到执行，否则前面的所有努力都付诸东流。律师可以协助企业了解判决书的执行情况，包括判决书的送达、执行期限、执行标的等情况。如果判决书没有送达，律师可以向法院申请补正送达。如果判决书已经送达，但被执行人拒不履行，企业可以委托律师向法院提出执行申请。律师可以协助企业准备和提交执行申请材料，包括执行申请书、证明材料等。

需要注意的是，在刑事诉讼中，律师的职责是为当事人提供法律援助和代理，但不代表企业能够逃避法律制裁。如果企业涉嫌违法犯罪，应该积极配合司法机关的调查，并承担相应的法律责任。律师的职责是为企业提供专业的法律意见和代理，帮助企业维护合法权益，同时遵守法律和职业道德。

四、刑事诉讼的证据要求

在刑事诉讼中，证据是指证明案件事实的各种材料和信息。《中华人民共和国刑事诉讼法》第五十条对证据有详细的规定："可以用于证明案件事实的材料，都是证据。证据包括：（一）物证；（二）书证；（三）证人证言；（四）被害人陈述；（五）犯罪嫌疑人、被告人供述和辩解；（六）鉴定意见；（七）勘验、检查、辨认、侦查实验等笔录；（八）视听资料、电子数据。证据必须经过查证属实，才能作为定案的根据。"为了保障被告人的合法权益和确保审判的公正性，刑事诉讼对证据的要求更为严格，必须符合以下要求。

（一）合法性

证据的取得方式必须符合法律规定，这就要求在获取证据时不能使用非法手段，如偷窃、贿赂、伪造等。如果证据是通过非法手段获取的，即便能够证明证据本身是真实可信的，也无法作为刑事诉讼中的有效证据。这是因为证据的取得方式违反了法律规定，无法被法律认可。

证据本身也必须是真实可信的。在审理过程中，法庭会对证据进行审查，判断证据的真实性和可信度。证据如果存在造假、篡改等问题，或者证据本身存在矛盾、漏洞等情况，那么也不能被认定为有效证据。因为证据的真实性和可信度是刑事诉讼中证明事实的基础，如果证据本身存在问题，那么就无法准确地认定事实，也就无法保证审判的公正性和准确性。

（二）客观性

证据必须客观存在，能够直接反映案件事实，不能存在主观臆断或推定。这就要求证据具有客观性，真实可信，不能虚构、歪曲事实。

对于商业秘密保护的案件，常见的证据包括企业保密制度、保密协议、保密技术措施、涉密文件、电脑硬盘等。这些证据需要真实地反映涉案企业的保密措施，且不能存在任何的伪造、篡改或歪曲。在商业秘密泄露案件中，涉案的文件、电脑硬盘等物品都需要保持完整，并经过公证、鉴定等程序证实其作为证据的客观性和真实性。同时，在证据采集的过程中，企业需要严格遵守相关的法律规定，采用合法的手段收集证据，确保证据的客观性和合法性。

（三）关联性

证据必须与案件事实直接相关，证明案件事实是否存在。在商业秘密泄露案件中，如果某份证据与案件事实没有直接关联，不能证明商业秘密的存在或者泄露，那么这份证据就是无效证据。如果依然提供该证据进行辩护，可能会对案件的判决造成负面影响。

证据也不能过于牵强附会，将没有直接关联的证据与案件事实强行联系起来。这种情况会使证据的可信度和有效性大打折扣，可能会对案件的结果产生不利影响。

五、刑事诉讼的判决结果

刑事诉讼的判决结果对于商业秘密的保护意义重大。《中华人民共和国刑事诉讼法》第二百条规定："在被告人最后陈述后，审判长宣布休庭，合议庭进行评议，根据已经查明的事实、证据和有关的法律规定，分别作出以下判决：（一）案件事实清楚，证据确实、充分，依据法律认定被告人有罪的，应当作出有罪判决；（二）依据法律认定被告人无罪的，应当作出无罪判决；（三）证据不足，不能认定被告人有罪的，应当作出证据不足、指控的犯罪不能成立的无罪判决。"判决结果可以确认商业秘密的存在和被侵犯事实,并且可以追究犯罪嫌疑人的刑事责任。

在判决结果中,若被告人被认定有罪,则被告将面临相应的刑事责任,依法承担法律后果。同时,判决结果也为受害企业提供了法律依据,其可以向侵犯商业秘密的犯罪嫌疑人索赔。此外,判决结果也为类似案件的侦查、审判提供了借鉴,为今后的商业秘密保护提供了司法支持。

需要注意的是,刑事诉讼的判决结果是终局性的,受害企业应当在判决生效后及时采取法律行动。在追究刑事责任的同时,受害企业还可以通过民事诉讼途径要求赔偿,确保商业秘密得到充分保护。

六、刑事诉讼过程中应当注意的问题

在刑事诉讼过程中,企业必须遵守法律程序,不得使用非法手段进行维权。例如,企业不得私自侵入对方电脑系统获取证据,也不能使用贿赂等非法手段影响证人做证。同时,企业也需要尽可能地保护商业秘密的机密性,防止其泄露,并维护好自身的形象和声誉。企业需要与律师密切合作,制订合理的诉讼策略和计划,以减少法律风险,最大限度地保护自己的利益。律师可以为企业提供专业的法律意见和建议,帮助企业了解法律程序和风险,并协助企业准备和提交相关的申辩材料和证据,从而提高企业在刑事诉讼中的成功率。

在刑事诉讼中,每一个程序都有明确的时限。如果企业未能在规定的时限内采取行动,可能会导致案件被驳回或判决无效。在侦查阶段,企业需要及时向公安机关报案,并尽可能提供相关证据;在审查起诉阶段,企业需要积极配合检察机关的调查,提供证据和说明情况;在审判阶段,企业需要及时出庭,提供相关证据和申辩材料,并在规定时间内申请听证、鉴定等;在执行阶段,企业需要及时向法院提出执行申请,并采取必要的执行措施。企业未能及时提供证据或适时提起诉讼,将影响刑事诉讼的进展和结果。

在商业秘密保护方面,若企业发现有人盗窃了其商业秘密,企业首先需要保护好商业秘密，尽可能减少其泄露，同时积极采取行动，例如向公安机关报案、申请取证等，以便留下证据。企业还需要及时联系律师，制订合理的诉讼策略和计划，避免出现程序错误和法律风险。在与律师合作的过程中，企业需要遵循律师的建议和指导，同时积极提供与案件相关的信息和证据。企业可以向公安机关提供盗窃证据的存储设备、相关人员的信息等，以便加大调查力度和证明犯罪事实。在案件的侦查和审判过程中，企业需要保持高度关注，及时了解案件进展和判决结果，并按照法律程序要求提交相关的申诉材料和证据。

第三节　刑事附带民事诉讼是实践中常用的方式

一、商业秘密保护中刑事附带民事诉讼的概述

（一）刑事附带民事诉讼的定义

刑事附带民事诉讼是指司法机关在刑事诉讼过程中，在解决被告人刑事责任的同时，附带解决因被告人的犯罪行为所造成的物质损失的赔偿问题而进行的诉讼活动。

附带民事诉讼一般应同刑事案件一并审判，但有时为了防止刑事案件审判过分延迟，也可以在刑事案件审判后，由同一审判组织继续审理附带民事诉讼部分。如果刑事案件已审结，则应单独作为民事案件审理。其本质是以相应的刑事诉讼为前提的民事诉讼活动。

(二)刑事附带民事诉讼的意义

刑事附带民事诉讼对维护公民权益、节约诉讼成本、体现刑事政策以及司法公信力有重要意义,其具体体现如图6-5所示。

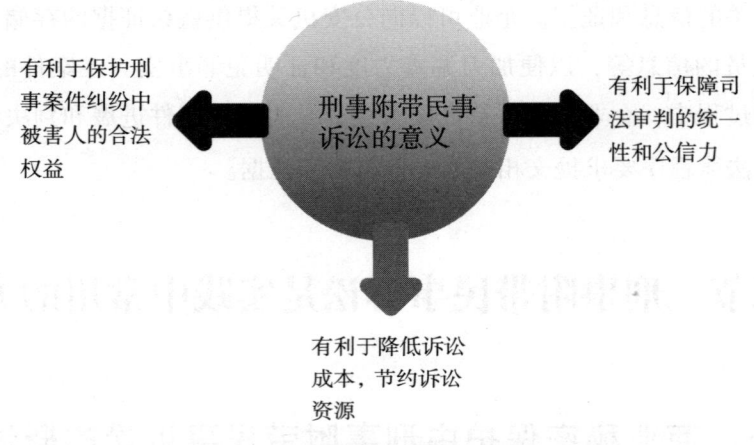

图6-5 刑事附带民事诉讼的意义

1. 有利于保护刑事案件纠纷中被害人的合法权益

刑事附带民事诉讼的最大意义在于保护被害人的合法权益。在刑事案件中,被害人受到了犯罪行为的侵害,可能遭受了身体、财产等方面的损失。如果只进行刑事审判,忽略了被害人的赔偿问题,那么被害人的权益就无法得到保障。刑事附带民事诉讼可使司法机关在审判刑事案件的同时,对涉及的民事赔偿问题进行审理,使被害人得到相应的赔偿,从而保护了被害人的合法权益。

2. 有利于降低诉讼成本,节约诉讼资源

刑事附带民事诉讼能够有效降低诉讼成本,避免因为另行起诉民事赔偿而导致的二次诉讼,节约司法资源。如果刑事案件结案后,被害人再单独起诉民事赔偿,司法机关需要重新召集当事人、证人、鉴定人等,进行新的审判程序,这将增加司法负担和诉讼成本。而刑事附带民事诉讼可以在刑事审判的基础上,解决涉及的民事赔偿问题,避免了二次诉讼，降低了诉讼成本。

3.有利于保障司法审判的统一性和公信力

刑事附带民事诉讼可以确保在同一案件中对刑事和民事问题进行一次性的综合审理，有利于保障司法审判的统一性和公信力。如果刑事审判和民事审判分开进行，那么就存在不同审判机关之间的判决不一致的情况。这种情况可能会给当事人带来麻烦和经济损失，也会影响司法审判的统一性和公信力。而刑事附带民事诉讼可以避免这种情况的发生。

（三）商业秘密保护中的刑事附带民事诉讼

商业秘密保护对企业发展至关重要。在实践中，企业多以刑事附带民事诉讼的方式获得商业秘密受到侵犯后的救济。侵犯商业秘密的行为符合《最高人民检察院　公安部关于经济犯罪案件追诉标准的规定》第六十五条的规定"侵犯商业秘密案（刑法第二百一十九条）侵犯商业秘密，涉嫌下列情形之一的，应予追诉：①给商业秘密权利人造成直接经济损失数额在五十万元以上的；②致使权利人破产或者造成其他严重后果的"时，企业可以根据《中华人民共和国刑法》第二百一十九条的规定，向公安机关控告，要求立案侦查，追究侵权人的刑事责任。

刑事附带民事诉讼可以追究侵犯企业商业秘密者的刑事责任，同时也可以要求侵权人承担民事责任，对企业的损失予以赔偿，进而保护企业的合法权益，避免因商业秘密泄露而带来的经济损失和商业风险。

刑事附带民事诉讼在刑事审判过程中对民事权益进行诉讼，具有审判效率高、成本低、判决便利等特点。采用刑事附带民事诉讼的方式能够提高司法效率和公正性，同时也有利于减轻企业在诉讼过程中的负担和经济压力。

二、刑事附带民事诉讼的适用条件

根据《中华人民共和国刑事诉讼法》第一百零一条规定："被害人由于被告人的犯罪行为而遭受物质损失的，在刑事诉讼过程中，有权提起附带民事诉讼。被害人死亡或者丧失行为能力的，被害人的法定代理人、近亲属有权提起附带民事诉讼。"刑事附带民事诉讼的前提条件是刑事诉讼已经成立，即有被告人被控告或者被告人已经被依法逮捕、羁押、取保候审、监视居住等，刑事诉讼已经开启，被害人、民事诉讼代表人或其他民事诉讼参与人可以在此基础上提出附带民事诉讼请求。被害人所遭受的损失一般应为因被告人犯罪行为造成的物质损失。

在商业秘密保护中，刑事附带民事诉讼的适用条件是企业所拥有的商业秘密被侵犯，且造成了经济损失。被侵犯的商业秘密是符合法律规定的商业秘密，即不为公众所知悉，具有实用性，并经过权利人采取保密措施的技术信息或经营信息。此外，侵权行为需要符合《最高人民检察院 公安部关于经济犯罪案件追诉标准的规定》第六十五条相关规定，确保是侵犯商业秘密的行为。

在满足适用条件的基础上，企业可以向公安机关提起刑事控告，要求立案侦查，追究侵权人的刑事责任。在刑事案件审理过程中，企业可以附带民事诉讼，请求侵权人承担民事赔偿责任。此外，企业还需要在法律规定的时限内，向人民法院提起民事诉讼，要求侵权人赔偿商业秘密侵权行为所造成的经济损失。

在进行刑事附带民事诉讼时，企业应注意保护商业秘密。因此，在提供证据和资料时，企业需要尽可能地保护商业秘密，避免商业秘密的泄露。

三、商业秘密保护中刑事附带民事诉讼流程和注意事项

（一）商业秘密保护中刑事附带民事诉讼流程

商业秘密保护中刑事附带民事诉讼流程如图 6-6 所示。

商业秘密侵权行为的发现和取证 → 向公安机关提起刑事控告 → 申请附带民事诉讼立案 → 调解达成协议 → 审判阶段 → 强制执行

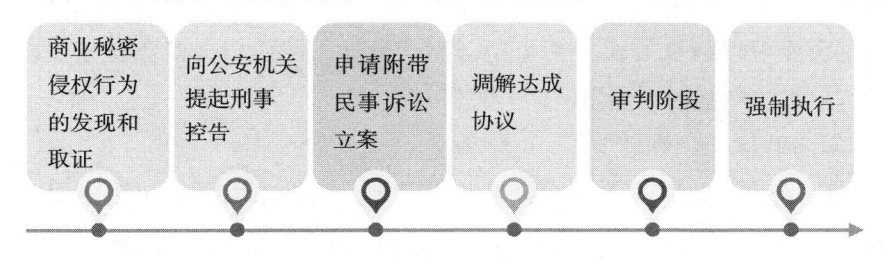

图 6-6　刑事附带民事诉讼流程

1. 商业秘密侵权行为的发现和取证

企业通过内部审核和监测等方式发现商业秘密的侵权行为，并采取合法的取证措施，保存相关文件等证据材料，为后续的诉讼提供证据。例如，企业可以在签署保密协议时要求对方提供个人信息以便企业查询调查；企业可以安装监控设备并在保密协议中声明；企业可以制定内部保密规定和监控制度，并对其进行严格执行和监督等，保护证据安全，为后续的诉讼提供证据。

2. 向公安机关提起刑事控告

企业可以向公安机关提起刑事控告，要求立案侦查，追究侵权人的刑事责任。公安机关根据《中华人民共和国刑事诉讼法》规定的程序进行立案和调查取证。在取证过程中，公安机关可以采取询问、搜查、查封、扣押等手段，以获取相关证据材料。如果证据充分，公安机关可以将案件移送检察机关审查起诉。在审查起诉阶段，检察机关会查阅相关证据材料，对证据的合法性和充分性进行认定。如果证据确凿，检察机关会向人民法院提起公诉，进入审判程序。

3. 申请附带民事诉讼立案

企业可以在刑事案件立案后，向人民法院申请附带民事诉讼立案，请求法院在刑事审判过程中一并审理商业秘密侵权行为所涉及的民事赔偿问题。

在申请附带民事诉讼时，企业需要向法院提交有关证据材料，证明商业秘密已经遭受侵犯，并请求法院支持自己的诉求。如果法院认为符合条件，会在刑事审判过程中一并审理民事赔偿请求。在附带民事诉讼中，企业可以请求侵权人承担经济赔偿责任，赔偿根据商业秘密侵权行为所带来的经济损失而定。

4. 调解达成协议

在侦查阶段和审查起诉阶段，公安机关和检察院可以对附带民事诉讼进行调解。如果双方达成调解协议并履行完毕，附带民事诉讼将终结，不再进行审理。如果双方未达成协议或达成协议未履行，附带民事诉讼将会进入审判阶段，由法院依法进行审理并作出判决。

5. 审判阶段

如果调解未达成协议或达成协议未履行，到了审判阶段，法院将依法判决。法院会依据《中华人民共和国刑事诉讼法》和《中华人民共和国民事诉讼法》的相关规定，对商业秘密侵权行为进行审理，对刑事案件和附带民事诉讼案件进行合并审理。法院结合事实和法律规定，对被告人的侵权行为和造成的经济损失进行综合评估，并对赔偿数额进行判决。最终，法院要对刑事和民事责任作出明确的判决，并要求被告人在一定期限内履行相应的判决结果。

6. 强制执行

当被告人未履行民事赔偿义务时，企业可以向法院申请强制执行。企业需要准备好相关证据材料，如判决书、执行裁定书、欠款证明等，向人民法院申请执行。法院在收到申请后，会依照相关法律程序进行审核，并对企业递交的材料进行审查。如果法院认为申请符合法律规定，则会对被告人采取强制措施，强制其履行民事赔偿义务，保障企业的合法权益。

（二）商业秘密保护中刑事附带民事诉讼的注意事项

1. 刑事附带民事诉讼中被告人的异议权

在刑事附带民事诉讼中，被告人有权提出异议。如果被告人提出的异议成立，那么对于已立案的民事诉讼，法院可能会进行撤销或者不予立案的处理。因此，在刑事附带民事诉讼中，企业需要关注被告人的异议情况，并根据具体情况进行应对，确保诉讼程序的顺利进行。

2. 企业赔偿请求的诉讼时效

在刑事附带民事诉讼中，赔偿请求的诉讼时效与刑事追诉时效不同。企业应在《中华人民共和国民事诉讼法》规定的诉讼时效内提起诉讼。如果错过诉讼时效，企业将无法通过司法途径维护自身的合法权益。因此，企业需要了解赔偿请求的诉讼时效，并在规定期限内提起诉讼。

3. 确认商业秘密侵犯相关的赔偿数额

当刑事附带民事诉讼的被告人被判刑后，如果赔偿金额未在判决中明确规定，企业需要在民事诉讼程序中确认赔偿数额。这需要企业积极参与民事诉讼程序，提供证据材料并积极主张自己的权益。需要注意的是，刑事附带民事诉讼的判决不得与民事判决相互抵消，被告人在刑事诉讼中承担的责任不等同于民事诉讼中应承担的责任，企业需要在民事诉讼程序中提出独立的赔偿请求。

四、商业秘密保护中刑事附带民事诉讼的赔偿问题

在商业秘密保护的刑事附带民事诉讼中，赔偿问题是一个重要的议题。在刑事案件中，根据《中华人民共和国刑法》的规定，被告人如果被判刑，还需要承担赔偿经济损失的责任。在民事诉讼中，企业可以依

据《中华人民共和国民法典》规定的民事赔偿方式和标准，要求被告人赔偿经济损失。如果企业所遭受的经济损失难以确定，可以根据《中华人民共和国反不正当竞争法》的规定，以侵权人在侵权期间因侵权所获得的利润为赔偿标准要求赔偿。

在刑事附带民事诉讼中，刑事和民事的赔偿问题是相互关联的。刑事诉讼中的赔偿是判决结果的一部分，被告人必须在刑事判决生效后，按照判决的内容承担赔偿责任。如果刑事判决未规定赔偿金额，民事诉讼程序中需要进一步规定赔偿数额。

在民事诉讼中，企业可以向被告人提出赔偿请求，并提供相关证据和材料支持。被告人如果同意赔偿，则可以在民事调解中达成协议并履行完毕，以终结民事诉讼程序。如果被告人拒绝或未能履行赔偿义务，企业需要通过法院强制执行，以保障自身的合法权益。

值得注意的是，刑事附带民事诉讼中的赔偿问题需要根据相关法律法规和司法解释解决。对于不同情形和案件类型，司法机关需要根据具体情况进行分析和处理。同时，在进行赔偿请求时，企业需要注意证据的充分性和合法性，以避免赔偿请求无法得到支持或被驳回。

第七章 企业商业秘密保护的案例分析

第一节 侵犯商业秘密纠纷案例

一、案情简介

E 公司和 F 公司等多家公司参与了某项目竞标,并递交了投标文件及投标样品。在评审结束后,E 公司被选为中标候选人。

在这个过程中,F 公司的员工应招标组织方要求返回评审现场并取回他们的投标样品时,破开了已被拆封的纸箱,查看了 E 公司的投标样品,并拍了照片。E 公司认为,F 公司的行为侵犯了他们的商业秘密权益,因为 F 公司使用不正当手段窥探了 E 公司的样品。

二、案件要旨

投标样品作为投标文件的一个组成部分,在开标前确实需要保密,这有利于在竞标过程中获得竞争优势。然而,在投标程序结束以及中标后,根据投标样品生产的产品必将进入市场,投标样品上所反映的相关信息将不可避免地被公开。在这种情况下,投标样品上的相关信息将无法再保持保密状态。

因此,当权利人主张涉案样品上所体现的这些信息属于其商业秘密时,这一主张与投标行为和案件事实存在明显矛盾。在实际操作中,这类信息无法成为持久的商业秘密,因为它们最终会为市场所认知。所以,这种主张在法律上难以站得住脚跟。

三、裁判理由

一审法院认为，明确商业秘密的具体内容是证明商业秘密符合法定条件的基础，即 E 公司应披露其商业秘密的具体内容以证明其对此享有权利。

值得注意的是，商业秘密指的是某种信息，而非承载该信息的载体。在本案中，E 公司的投标样品仅是商业秘密的载体，而非法律保护的商业秘密本身。E 公司对商业秘密的载体，即投标样品的产生过程进行了简单陈述，未能说明其主张的商业秘密本身以及其为 E 公司带来的竞争优势。此外，E 公司也未能对其所称的策略、方案等具体内容作出明确说明。因此，E 公司未能明确说明其主张的商业秘密的具体内容，应承担举证不能的后果。

本案中，E 公司承认同行业的相关人员通过观察 E 公司投标样品可以直接知悉样品材料、材质、安装组合等信息（隐蔽零部件除外），因此可以推断 E 公司主张的投标样品上承载的材料、材质等信息为其所属领域相关人员容易获得、知悉的，不符合"不为公众所知悉"的秘密性要件。综上所述，E 公司主张的材料、材质信息构成商业秘密并要求保护的请求，缺乏事实和法律依据，一审法院不予以支持。

E 公司对一审判决不服，提起上诉。二审法院认为，E 公司的上诉请求不成立，驳回上诉，维持原判。

四、分析

"不为公众所知悉"作为商业秘密构成要件之一，是指有关信息不为其所属领域的相关人员普遍知悉和容易获得的，即商业秘密应具有秘密性。商业秘密需要同时满足以下两个标准：其一，该信息在相关行业内未被普遍知悉；其二，该信息通过正当合法的手段不容易获得。

根据《中华人民共和国反不正当竞争法》第九条的相关规定："本法

所称的商业秘密,是指不为公众所知悉、具有商业价值并经权利人采取相应保密措施的技术信息、经营信息等商业信息。"和《最高人民法院关于审理不正当竞争民事案件应用法律若干问题的解释》第十四条规定:"当事人指称他人侵犯其商业秘密的,应当对其拥有的商业秘密符合法定条件、对方当事人的信息与其商业秘密相同或者实质相同以及对方当事人采取不正当手段的事实负举证责任。其中,商业秘密符合法定条件的证据,包括商业秘密的载体、具体内容、商业价值和对该项商业秘密所采取的具体保密措施等。"可见,阐明商业秘密的具体内容是说明商业秘密符合法定条件的基础。

在本案中,E公司在诉讼中主张构成商业秘密的经营信息为投标样品的材料信息、结构件的材质和设计,投标样品是该经营信息的载体。然而,投标样品的材料信息、结构件的材质和设计是所属领域的相关人员通过外部观察投标样品即可得知的信息,属于相关公众容易获得和知悉的信息,并不属于不为公众所知悉的商业秘密。

E公司的投标样品作为投标文件的组成部分,在开标之前处于保密状态,在竞标中可以为其带来竞争优势。但依照《中华人民共和国招标投标法》第三十五条和第三十六条的规定,开标由招标人主持,并邀请所有投标人参加,招标人在招标文件要求提交投标文件的截止时间前收到的所有投标文件,开标时都应当当众予以拆封、宣读。因此,开标之后,投标文件依法应向所有投标人予以公开,而F公司员工查看涉案投标样品的行为发生于开标和评标之后。

更重要的是,E公司将涉案样品作为投标文件进行投标,其目的就在于中标并使按照投标样品生产的产品进入市场,而进入市场即意味着公开该样品上所体现的材料信息、结构件的材质和设计。因此,E公司的投标样品在投标过程中处于保密状态且招标人在开标时未实际公开投标样品,但在招投标程序完结以及E公司中标后,按照投标样品生产的产品必然进入市场,投标样品上所体现的上述信息必然公开,E公司不可能使该投标样品所体现的上述信息再保持保密状态。

再者，E公司提出涉案投标样品不仅涉及产品的尺寸、结构、材料部件的组合等内容，还凝结了经营策略与设计理念。然而，针对这些经营策略和设计理念，E公司仅是笼统地陈述样品的产生过程，并未说明这一过程中包含的具体经营信息，其主张的商业秘密的内容并未确定。因此，E公司主张的投标样品上所记载的信息并不具备商业秘密的法定构成要件，不属于商业秘密。

五、相关知识总结

在商业秘密纠纷案件中，商业秘密的具体内容、秘密性要件以及其在市场中的公开程度等因素都是法院审理案件时需要考虑的重要因素，因此企业应当明确自己的商业秘密内容、保护措施的落实情况以及合理评估其在市场中的公开程度。只有这样，企业才能确保在纠纷发生时依法维护自己的合法权益。

此外，企业在参加招标投标活动时，应注意保护自己的商业秘密。企业可在投标文件中适当设置保密条款，明确投标文件中包含的商业秘密内容，同时在投标过程中采取合理的保密措施，以便在纠纷发生时提供有效证据，维护自身权益。

企业正确理解和运用与商业秘密相关的法律法规，切实保护自身的核心竞争力，对于未来的发展具有十分重要的意义。企业应当加强内部管理，完善商业秘密保护制度，以维护自身的合法权益。

第二节　侵犯商业秘密罪案例

一、案情简介

掌握 M 公司涉密技术资料的李某违反保密规定，同与 M 公司有竞争关系的 N 公司陈某达成协议，约定以上百万元的价格将其掌握的某生产线核心设备相关技术秘密出卖、披露给对方，并帮助 N 公司搭建新的生产线。在收取 N 公司数十万元后，李某将掌握的涉密技术图纸拷贝给 N 公司。之后，李某又以 N 公司子公司员工的名义，使用上述技术秘密图纸帮助 N 公司订购了生产线核心设备，成功搭建起新的生产线并正式投产。

二、案件要旨

根据《中华人民共和国刑事诉讼法》的规定，刑事案件事实的认定必须以确凿的证据为基础。在定罪和量刑时，所使用的证据必须是真实、充分的，并且排除了任何合理的怀疑。在审理侵犯商业秘密刑事案件时，需要特别关注证据是否真实客观地反映了权利人的核心技术信息等关键信息。商业秘密具有极其重要的商业价值，是企业核心竞争力的重要组成部分，因此，在审理商业秘密刑事案件时，司法机关必须高度重视证据的真实性和可信度，确保审判的公正性，同时也需要注重保护涉案企业的商业秘密，保护其商业利益和商业声誉。在司法实践中，司法机关应在法律许可的情况下采取多种强制手段，保护商业秘密中的技术信息。

三、裁判理由

根据《中华人民共和国反不正当竞争法》相关规定，被告李某泄露了 M 公司的商业秘密，并通过出售技术秘密图纸以及帮助 N 公司搭建新的生产线等方式侵犯了 M 公司的商业秘密权益。这种行为严重违反了我国相关法律法规，给 M 公司造成了巨大的经济损失，属于严重的经济犯罪行为。

四、相关知识总结

技术秘密的认定往往是一个复杂的过程，需要进行繁重的事实认定和复杂的法律判断。在诉讼过程中，各方当事人的辩论以及法院的审查认定，都有利于技术秘密的甄别。

权利人在起诉时需要明确技术秘密的保护范围，并确定秘密信息的具体内容。权利人需要充分了解技术信息的性质和特点，以及技术信息的保密措施和应用情况等。只有确定具体的秘密信息内容，企业才能有针对性地进行保护。

被诉侵权人提出反证时，需要考虑哪些信息已为所属领域相关人员普遍知悉或者容易获得，从而将公知信息剔除，进而划定技术秘密的权利边界。被诉侵权人需要综合考虑技术信息的性质、保密程度、领域内的普遍知晓程度，以及证据的真实性和可信度等因素，以便进行合理的事实认定和法律判断。

《最高人民检察院 公安部关于修改侵犯商业秘密刑事案件立案追诉标准的决定》规定："侵犯商业秘密，涉嫌下列情形之一的，应予立案追诉：（一）给商业秘密权利人造成损失数额在三十万元以上的；（二）因侵犯商业秘密违法所得数额在三十万元以上的；（三）直接导致商业秘密的权利人因重大经营困难而破产、倒闭的；（四）其他给商业秘密权利人造成重大损失的情形。"

第三节　附带民事赔偿的侵犯商业秘密罪案例

一、案情简介

H公司从事化工产品研发、生产和销售，拥有一种独特的化工产品生产工艺（以下简称H工艺）。该工艺具有高效、环保等优势，对提高公司的竞争力具有重要意义。H公司对该工艺采取了严格保密措施，并与员工签订了保密协议。

某日，H公司发现一家竞争对手I公司生产的化工产品与其产品相似，且I公司的生产工艺与H工艺相似。经过调查，H公司发现I公司新聘用的技术负责人张某曾是H公司技术研发部门的负责人，张某在离职前将H公司的商业秘密——H工艺泄露给I公司。H公司认为张某及I公司侵犯了自己的商业秘密权益，故向公安机关报案。经过调查取证，公安机关认定张某及I公司构成侵犯商业秘密罪，并将案件移送检察院审查起诉。

在刑事诉讼过程中，H公司提起附带民事赔偿诉讼，要求张某及I公司赔偿其经济损失和精神损害。

二、案件要旨

在办理知识产权刑事案件时，司法机关应根据综合司法保护理念，探索刑事附带民事诉讼，积极推动建立刑民一体化保护机制，将刑事打击和民事赔偿有机结合，同时延伸检察职能，积极参与社会综合治理，充分发挥知识产权检察职能，集中统一履行整体效能。

三、裁判理由

根据《中华人民共和国刑法》相关规定，侵犯商业秘密罪的处罚包括有期徒刑、拘役或者罚金。在量刑裁判中，法院将综合考虑以下因素。

（1）犯罪事实：张某在离职前将 H 公司的商业秘密——H 工艺泄露给 I 公司，导致 H 公司遭受了经济损失和精神损害。

（2）犯罪性质：张某的行为属于典型的知识产权侵权行为，损害了 H 公司的合法权益。

（3）犯罪后果：H 公司因张某泄露商业秘密，遭受了经济损失和精神损害。

（4）归案后态度：张某是否对自己的行为表示悔罪，并积极配合调查取证工作。

综合以上因素，法院最终判决张某有期徒刑两年，并处罚金人民币十余万元。同时，法院认为 I 公司明知或应知该工艺是 H 公司的商业秘密，仍予以使用，故 I 公司亦承担侵犯商业秘密的民事赔偿责任。

法院判决张某及 I 公司共同承担侵犯商业秘密的民事赔偿责任，赔偿 H 公司的经济损失及精神损害。此次量刑裁判充分体现了法院对知识产权侵权行为的严厉打击，旨在保护知识产权，维护社会公平正义。

四、相关知识总结

根据《中华人民共和国刑事诉讼法》第一百零一条的相关规定："被害人由于被告人的犯罪行为而遭受物质损失的，在刑事诉讼过程中，有权提起附带民事诉讼。被害人死亡或者丧失行为能力的，被害人的法定代理人、近亲属有权提起附带民事诉讼。"以及《最高人民法院关于刑事附带民事诉讼范围问题的规定》第一条规定："因人身权利受到犯罪侵犯而遭受物质损失或者财物被犯罪分子毁坏而遭受物质损失的，可以提起附带民事诉讼。对于被害人因犯罪行为遭受精神损失而提起附带民事诉讼的，人民法院不予受理。"刑事附带民事诉讼适用于人身权利受到侵犯或财产遭受损失等情况。侵犯商业秘密罪在一定程度上也会导致权利人遭受经济损失。这种损失虽然不是典型的财产损失，但仍然会对权利人造成实际损害。因此，在某些情况下，侵犯商业秘密罪的附带民事诉讼可能被认为是适当的。

在侵犯商业秘密罪的附带民事诉讼中，权利人要确保赔偿请求与被告的犯罪行为之间存在因果关系，并确保赔偿数额是合理的。此外，权利人也应当提供充分证据，证明其遭受的经济损失。侵犯商业秘密罪的附带民事诉讼在某些情况下可能具有争议，但在特定情况下，如果能够满足附带民事诉讼的条件并确保公平、合理的赔偿，这种诉讼仍被认为是合适的。在处理这类案件时，法院需要根据具体情况审慎判断，并确保程序合法。

第四节　离职员工侵犯商业秘密的责任承担主体案例

一、案情简介

张某在 J 公司担任研发部经理期间，了解了 J 公司的核心技术和生产工艺，并签订了保密协议。张某因个人原因离职后加入 J 公司的竞争对手 K 公司。

在 K 公司任职期间，张某向 K 公司透露了 J 公司的核心技术和生产工艺，这些信息被 K 公司用于开发与 J 公司产品性能相似的产品，并在市场上获得了显著的竞争优势。

J 公司发现了这一情况，认为张某侵犯了公司的商业秘密。J 公司向法院提起诉讼，要求张某和 K 公司承担侵权责任，要求 K 公司停止生产、销售和使用这些基于 J 公司商业秘密开发的产品，并要求 K 公司赔偿 J 公司的经济损失和合理费用。

二、案件要旨

《中华人民共和国反不正当竞争法》规定，违反保密义务或者违反权利人有关保守商业秘密的要求，披露、使用或者允许他人使用其所掌握的商业秘密，以及教唆、引诱、帮助他人违反保密义务或者违反权利人有关保守商业秘密的要求，获取、披露、使用或者允许他人使用权利人的商业秘密是侵犯他人商业秘密的行为；第三人明知或者应知上述违法行为，仍获取、披露、使用或者允许他人使用该商业秘密的，也应被视为侵犯商业秘密的行为。

三、裁判理由

法庭经审理查明，张某在离职后，向K公司披露了J公司的核心技术和生产工艺，违反了保密义务。K公司在明知或应知张某违反保密义务的情况下，仍然使用J公司的商业秘密，侵犯了J公司的合法权益。

根据《中华人民共和国反不正当竞争法》的相关规定，法院认为张某的行为属于侵犯商业秘密行为，判决张某承担赔偿J公司经济损失的责任。同时，法院认为K公司在明知或应知的情况下使用J公司的商业秘密，也属于侵犯商业秘密行为，判决K公司承担连带赔偿责任，并立即停止侵权行为。

四、相关知识总结

离职员工在离职后依然有保密义务，不得披露、使用或者允许他人使用其所掌握的商业秘密。第三方在明知或应知离职员工违反保密义务的情况下，仍然使用他人的商业秘密，也将承担侵犯商业秘密的法律责任。因此，各企业在商业交往和内部管理中应加强保密意识，适时采取签署保密协议、安装监控软件等具体、合理和有效的保密措施。同时，企业应明确构成商业秘密的经营信息的具体范围以及管理人员所应承担的保密责任，有效降低管理人员泄露商业秘密带来的经营风险。

参考文献

[1] 浙江金道律师事务所. 法律链金术：区块链法律实践剖析 [M]. 杭州：浙江大学出版社，2019.

[2] 叶青，杨建荣. 劳动与生活法律问答 [M]. 上海：上海科学普及出版社，2018.

[3] 重庆市司法局，重庆市普法办. 民营企业法律风险防范手册 [M]. 重庆：重庆大学出版社，2019.

[4] 邱云生. 企业人力资源法律风险防范实操一本通 [M]. 北京：中国铁道出版社有限公司，2021.

[5] 刘剑文，杨汉平. 非公有制企业法律保护 [M]. 北京：西苑出版社，2001.

[6] 贾登勋. 特色农产品法律保护 [M]. 兰州：甘肃文化出版社，2011.

[7] 李新. 企业劳动法律风险提示650项 [M]. 上海：上海社会科学院出版社，2018.

[8] 张安顺. 中国工会会员法律知识手册 [M]. 北京：中国言实出版社，2019.

[9] 侯鲜明. 民营企业法律风险的识别与防范 [M]. 济南：山东人民出版社，2017.

[10] 《最新法律文件解读》编辑委员会. 刑事法官必备法律司法解释解读：下册 [M]. 3版. 北京：人民法院出版社，2019.

[11] 徐伟, 史晓沪. 劳动权益保护法律实务 [M]. 宁波：宁波出版社，2000.

[12] 张玉瑞. 商业秘密的法律保护 [M]. 北京：金城出版社，2002.

[13] 李晓云, 李盛文. 民营企业法律保护策略 [M]. 成都：电子科技大学出版社，2004.

[14] 王瑞祺. 刑事附带民事公益诉讼研究 [M]. 武汉：湖北人民出版社，2019.

[15] 孙应征, 王礼仁. 刑事附带民事诉讼新论 [M]. 北京：人民法院出版社，1994.

[16] 范方平. 怎样审理刑事附带民事案件 [M]. 北京：人民法院出版社，1995.

[17] 孙洁冰. 刑事诉讼行政诉讼附带民事诉讼制度研究 [M]. 重庆：重庆大学出版社，1990.

[18] 王玮. 刑事附带民事诉讼范围实证研究：以 S 省 H 市两级法院为例 [M]. 北京：法律出版社，2019.

[19] 陈立斌. 刑事附带民事诉讼案件审理精要 [M]. 北京：人民出版社，2018.

[20] 杨良胜. 刑事附带民事诉讼理论与实践探索 [M]. 北京：人民法院出版社，2015.

[21] 武延平. 论刑事附带民事诉讼 [M]. 北京：中国政法大学出版社，1994.

[22] 王民玉. 企业秘密信息防控体系建设的思考与探索 [J]. 企业文明，2022（7）：121.

[23] 付娜，毕春丽，端晨希. 从司法案例透视企业商业秘密管理中存在的问题 [J]. 信息通信技术与政策，2022，48（6）：41–45.

[24] 张倩. 竞业限制与竞业禁止对企业商业秘密的保护作用探讨 [J]. 企业改革与管理，2022（5）：40–42.

[25] 胡君军，李满源，卜心怡. 基于失泄密风险的科技型企业秘密保护机制研究 [J]. 网络空间安全，2021，12（5）：11–16.

[26] 刘英军. 企业商业秘密保护现状及策略探究 [J]. 产业创新研究，2021（15）：94–95+100.

[27] 李维真. 企业商业秘密风险解析与制度建设 [J]. 商业经济研究，2021（15）：129-131.

[28] 张嘉成，何万里. 食品企业商业秘密法律保护对策研究 [J]. 法制与社会，2021（17）：52-54.

[29] 薛璇. 王东新：尽快推进企业商业秘密保护立法 [J]. 中国有色金属，2021（6）：47.

[30] 任惠琴. 浅析网络环境下企业商业秘密的保护 [J]. 商场现代化，2020（19）：93-95.

[31] 孙恩静. 互联网环境下企业商业秘密保护研究 [J]. 中国集体经济，2020（19）：59-61.

[32] 张祥. 基于诉讼思维的企业商业秘密管理攻略 [J]. 中关村，2020（5）：92-95.

[33] 王璐达. 新形势下企业商业秘密管理研究 [J]. 青海科技，2020，27（2）：90-93.

[34] 于伽. 网络环境下企业的商业秘密保护思考 [J]. 商场现代化，2020（6）：102-103.

[35] 王伟. 浅谈信息化条件下企业在商业秘密保护工作中存在的难点、问题及具体应对措施 [J]. 保密科学技术，2019（8）：65-68.

[36] 陈哲萍，余伟华，黄景然，等. 大数据背景下企业商业秘密的法律保护 [J]. 法制与经济，2019（4）：155-156+160.

[37] 张鸽，黄琳琳. 以知识产权管理体系保护企业商业秘密：兼论新《反不正当竞争法》相关要件修改 [J]. 上海商学院学报，2018，19（2）：49-59.

[38] 高洪缘. 我国商业秘密的法律保护 [J]. 法制博览，2021（2）：146-147.

[39] 王梓茹. 刑事附带民事诉讼中精神损害赔偿问题研究 [D]. 贵阳：贵州师范大学，2022.

[40] 陈芥良. 检察刑事附带民事诉讼的困境与破局 [D]. 上海：上海师范大学，2022.

[41] 孟涛.附带民事诉讼调解制度研究[D].兰州:兰州大学,2022.

[42] 苏晓晓.商业秘密刑民交叉案件问题研究[D].安庆:安庆师范大学,2022.

[43] 俞铭瑾.欧盟阻断法实施机制研究[D].北京:外交学院,2022.

[44] 聂炜昌.论我国刑事附带民事诉讼赔偿范围的扩张:以刑事被害人精神损害赔偿为视角[D].武汉:华中师范大学,2022.

[45] 胡筱婕.刑事附带民事诉讼精神损害赔偿的重新理解与适用[D].郑州:河南财经政法大学,2022.

[46] 王术林.刑事附带民事公益诉讼制度研究[D].马鞍山:安徽工业大学,2021.

[47] 甘立宁.刑事案件中受害人残疾赔偿金请求权法律问题研究[D].贵阳:贵州民族大学,2021.

[48] 冯小玲.企业数据的商业秘密保护路径研究[D].贵阳:贵州民族大学,2021.

[49] 沈洁.刑民交叉案件程序衔接问题研究[D].北京:中央民族大学,2021.

[50] 黄冠华.客户名单商业秘密保护研究[D].杭州:杭州师范大学,2021.

[51] 张祥燕.论青年马克思的法哲学思想[D].贵阳:贵州大学,2021.

[52] 刘明.刑事附带民事公益诉讼制度研究[D].湘潭:湖南科技大学,2021.

[53] 雷雪.刑事附带民事诉讼制度的异化与本质回归[D].贵阳:贵州大学,2021.

[54] 郭学鹏.刑事附带民事诉讼中赔偿问题的研究[D].锦州:渤海大学,2021.

[55] 任泰安.著作权法上公共领域界定研究[D].西安:西北大学,2021.

[56] 魏见平.互联网环境中的商业秘密保护问题研究[D].昆明:云南大学,2021.

[57] 钟嘉豪.我国涉外民商事审判实践中的外国法查明研究[D].桂林:桂林电子科技大学,2021.

[58] 唐鑫江.证券法的域外效力[D].上海:上海师范大学,2021.

[59] 曾筱琪. 荀子"隆礼重法"的政治思想研究 [D]. 长春：东北师范大学，2021.

[60] 李婷婷. 日本《男女雇佣机会均等法》研究 [D]. 上海：华东理工大学，2020.

[61] 杜鹏爽. 网络用户个人信息数据库的商业秘密保护与个人信息保护的冲突与协调 [D]. 上海：华东政法大学，2017.

[62] 许琦敏. 企业商业秘密保护框架建立初探 [D]. 上海：上海交通大学，2016.

[63] 王续喜. 大数据时代商业秘密保护研究 [D]. 湘潭：湘潭大学，2015.

[64] 张蕾. 云计算中商业秘密的法律保护研究 [D]. 武汉：华中科技大学，2015.

[65] 叶来富. 官产学校企合作企业商业秘密保护对隐性知识转移绩效的影响研究 [D]. 福州：福州大学，2014.

[66] 黄佩智. 企业商业秘密的保护措施的现状、问题及其完善方式 [D]. 上海：华东政法大学，2013.

[67] 刘阳. 企业商业秘密保护控制研究 [D]. 长春：长春理工大学，2013.

[68] 乔诗琪. TRIPS 框架下企业商业秘密的国际保护 [D]. 北京：中国政法大学，2011.

[69] 朱腾华. 企业商业秘密法律保护问题研究 [D]. 烟台：烟台大学，2010.

[70] 王鹏. 企业商业秘密保护研究 [D]. 青岛：中国海洋大学，2009.

[71] 郭达鹏. 企业商业秘密法律保护研究 [D]. 青岛：中国石油大学，2009.

[72] 立花聪. 中日商业秘密保护理论与实务之比较研究 [D]. 上海：复旦大学，2008.

[73] 李一真. 企业商业秘密法律保护战略研究 [D]. 南京：南京航空航天大学，2008.

[74] 蔡济华. 企业商业秘密民事法律保护研究 [D]. 苏州：苏州大学，2007.

[75] 牛一品. 论我国人才流动中企业商业秘密的法律保护 [D]. 重庆：重庆大学，2007.

[76] 陈泽丹.《反不正当竞争法》第9条商业秘密侵权制度评注[D]. 广州：广东外语外贸大学，2022.

[77] 李慧妍.《反不正当竞争法》互联网专条兜底条款适用问题研究[D]. 武汉：武汉大学，2022.

[78] 陈子朝.《反不正当竞争法》视野下知识产权侵权警告的正当性边界研究[D]. 上海：华东政法大学，2021.

[79] 罗文靖.《反不正当竞争法》第二条在网络游戏侵权案件中的适用研究[D]. 湘潭：湘潭大学，2021.

[80] 刘净雪.商业秘密侵权诉讼举证规则研究：《反不正当竞争法》第32条的理解及适用[D]. 湘潭：湘潭大学，2021.

[81] 杜潇潇.《反不正当竞争法》互联网专条的法律适用研究[D]. 武汉：中南财经政法大学，2021.

[82] 赵杨.论新《反不正当竞争法》对侵犯商业秘密行为的规制[D]. 南昌：江西财经大学，2020.

[83] 彭经纬.我国《反不正当竞争法》商业秘密条款研究[D]. 武汉：中南民族大学，2020.

[84] 闫丽娟.《反不正当竞争法》中商业道德的司法认定考察（2010—2019）[D]. 成都：西南财经大学，2020.

附录　相关法律法规及条款

《中华人民共和国反不正当竞争法》

第六条　经营者不得实施下列混淆行为，引人误认为是他人商品或者与他人存在特定联系：

（一）擅自使用与他人有一定影响的商品名称、包装、装潢等相同或者近似的标识；

（二）擅自使用他人有一定影响的企业名称（包括简称、字号等）、社会组织名称（包括简称等）、姓名（包括笔名、艺名、译名等）；

（三）擅自使用他人有一定影响的域名主体部分、网站名称、网页等；

（四）其他足以引人误认为是他人商品或者与他人存在特定联系的混淆行为。

第八条　经营者不得对其商品的性能、功能、质量、销售状况、用户评价、曾获荣誉等作虚假或者引人误解的商业宣传，欺骗、误导消费者。

经营者不得通过组织虚假交易等方式，帮助其他经营者进行虚假或者引人误解的商业宣传。

第九条　经营者不得实施下列侵犯商业秘密的行为：

（一）以盗窃、贿赂、欺诈、胁迫、电子侵入或者其他不正当手段获取权利人的商业秘密；

（二）披露、使用或者允许他人使用以前项手段获取的权利人的商业秘密；

（三）违反保密义务或者违反权利人有关保守商业秘密的要求，披露、使用或者允许他人使用其所掌握的商业秘密；

第三人明知或者应知商业秘密权利人的员工、前员工或者其他单位、个人实施本条第一款所列违法行为，仍获取、披露、使用或者允许他人使用该商业秘密的，视为侵犯商业秘密。

本法所称的商业秘密，是指不为公众所知悉、具有商业价值并经权利人采取相应保密措施的技术信息、经营信息等商业信息。

第二十一条　经营者以及其他自然人、法人和非法人组织违反本法第九条规定侵犯商业秘密的，由监督检查部门责令停止违法行为，没收违法所得，处十万元以上一百万元以下的罚款；情节严重的，处五十万元以上五百万元以下的罚款。

《中华人民共和国民法典》

第五百零一条　当事人在订立合同过程中知悉的商业秘密或者其他应当保密的信息，无论合同是否成立，不得泄露或者不正当地使用；泄露、不正当地使用该商业秘密或者信息，造成对方损失的，应当承担赔偿责任。

第八百四十四条　订立技术合同，应当有利于知识产权的保护和科学技术的进步，促进科学技术成果的研发、转化、应用和推广。

第八百六十二条　技术转让合同是合法拥有技术的权利人，将现有特定的专利、专利申请、技术秘密的相关权利让与他人所订立的合同。

技术许可合同是合法拥有技术的权利人，将现有特定的专利、技术秘密的相关权利许可他人实施、使用所订立的合同。

技术转让合同和技术许可合同中关于提供实施技术的专用设备、原材料或者提供有关的技术咨询、技术服务的约定，属于合同的组成部分。

第八百六十三条　技术转让合同包括专利权转让、专利申请权转让、技术秘密转让等合同。

技术许可合同包括专利实施许可、技术秘密使用许可等合同。

技术转让合同和技术许可合同应当采用书面形式。

第八百六十四条　技术转让合同和技术许可合同可以约定实施专利或者使用技术秘密的范围，但是不得限制技术竞争和技术发展。

第八百六十九条　技术秘密转让合同的受让人和技术秘密使用许可合同的被许可人应当按照约定使用技术，支付转让费、使用费，承担保密义务。

第八百七十条　技术转让合同的让与人和技术许可合同的许可人应当保证自己是所提供的技术的合法拥有者，并保证所提供的技术完整、无误、有效，能够达到约定的目标。

第八百七十一条　技术转让合同的受让人和技术许可合同的被许可人应当按照约定的范围和期限，对让与人、许可人提供的技术中尚未公开的秘密部分，承担保密义务。

第一千一百八十四条　侵害他人财产的，财产损失按照损失发生时的市场价格或者其他合理方式计算。

第一千一百八十五条　故意侵害他人知识产权，情节严重的，被侵权人有权请求相应的惩罚性赔偿。

第一千二百五十九条　民法所称的"以上""以下""以内""届满"，包括本数；所称的"不满""超过""以外"，不包括本数。

第一千二百六十条　本法自2021年1月1日起施行。《中华人民共和国婚姻法》《中华人民共和国继承法》《中华人民共和国民法通则》《中华人民共和国收养法》《中华人民共和国担保法》《中华人民共和国合同法》《中华人民共和国物权法》《中华人民共和国侵权责任法》《中华人民共和国民法总则》同时废止。

《中华人民共和国刑法》

第二百零九条　伪造、擅自制造或者出售伪造、擅自制造的可以用于骗取出口退税、抵扣税款的其他发票的，处三年以下有期徒刑、拘役或者管制，并处二万元以上二十万元以下罚金；数量巨大的，处三年以上七年以下有期徒刑，并处五万元以上五十万元以下罚金；数量特别巨大的，处七年以上有期徒刑，并处五万元以上五十万元以下罚金或者没收财产。

伪造、擅自制造或者出售伪造、擅自制造的前款规定以外的其他发票的，处二年以下有期徒刑、拘役或者管制，并处或者单处一万元以上五万元以下罚金；情节严重的，处二年以上七年以下有期徒刑，并处五万元以上五十万元以下罚金。

非法出售可以用于骗取出口退税、抵扣税款的其他发票的，依照第一款的规定处罚。

非法出售第三款规定以外的其他发票的，依照第二款的规定处罚。

第二百二十条　单位犯本节第二百一十三条至第二百一十九条之一规定之罪的，对单位判处罚金，并对其直接负责的主管人员和其他直接责任人员，依照本节各该条的规定处罚。

第二百二十五条　违反国家规定，有下列非法经营行为之一，扰乱市场秩序，情节严重的，处五年以下有期徒刑或者拘役，并处或者单处违法所得一倍以上五倍以下罚金；情节特别严重的，处五年以上有期徒刑，并处违法所得一倍以上五倍以下罚金或者没收财产：

（一）未经许可经营法律、行政法规规定的专营、专卖物品或者其他限制买卖的物品的；

（二）买卖进出口许可证、进出口原产地证明以及其他法律、行政法规规定的经营许可证或者批准文件的；

（三）未经国家有关主管部门批准非法经营证券、期货、保险业务的，或者非法从事资金支付结算业务的；

（四）其他严重扰乱市场秩序的非法经营行为。

第二百七十一条　公司、企业或者其他单位的工作人员，利用职务上的便利，将本单位财物非法占为己有，数额较大的，处三年以下有期徒刑或者拘役，并处罚金；数额巨大的，处三年以上十年以下有期徒刑，并处罚金；数额特别巨大的，处十年以上有期徒刑或者无期徒刑，并处罚金。

国有公司、企业或者其他国有单位中从事公务的人员和国有公司、企业或者其他国有单位委派到非国有公司、企业以及其他单位从事公务的人员有前款行为的，依照本法第三百八十二条、第三百八十三条的规定定罪处罚。

《中华人民共和国刑事诉讼法》

第三十七条　辩护人的责任是根据事实和法律，提出犯罪嫌疑人、被告人无罪、罪轻或者减轻、免除其刑事责任的材料和意见，维护犯罪嫌疑人、被告人的诉讼权利和其他合法权益。

第三十八条　辩护律师在侦查期间可以为犯罪嫌疑人提供法律帮助；代理申诉、控告；申请变更强制措施；向侦查机关了解犯罪嫌疑人涉嫌的罪名和案件有关情况，提出意见。

第五十条　可以用于证明案件事实的材料，都是证据。

证据包括：

（一）物证；

（二）书证；

（三）证人证言；

（四）被害人陈述；

（五）犯罪嫌疑人、被告人供述和辩解；

（六）鉴定意见；

（七）勘验、检查、辨认、侦查实验等笔录；

（八）视听资料、电子数据。

证据必须经过查证属实,才能作为定案的根据。

第一百零一条 被害人由于被告人的犯罪行为而遭受物质损失的,在刑事诉讼过程中,有权提起附带民事诉讼。被害人死亡或者丧失行为能力的,被害人的法定代理人、近亲属有权提起附带民事诉讼。

如果是国家财产、集体财产遭受损失的,人民检察院在提起公诉的时候,可以提起附带民事诉讼。

第一百零二条 人民法院在必要的时候,可以采取保全措施,查封、扣押或者冻结被告人的财产。附带民事诉讼原告人或者人民检察院可以申请人民法院采取保全措施。人民法院采取保全措施,适用民事诉讼法的有关规定。

第一百零三条 人民法院审理附带民事诉讼案件,可以进行调解,或者根据物质损失情况作出判决、裁定。

第一百零四条 附带民事诉讼应当同刑事案件一并审判,只有为了防止刑事案件审判的过分迟延,才可以在刑事案件审判后,由同一审判组织继续审理附带民事诉讼。

第二百条 在被告人最后陈述后,审判长宣布休庭,合议庭进行评议,根据已经查明的事实、证据和有关的法律规定,分别作出以下判决:

(一)案件事实清楚,证据确实、充分,依据法律认定被告人有罪的,应当作出有罪判决;

(二)依据法律认定被告人无罪的,应当作出无罪判决;

(三)证据不足,不能认定被告人有罪的,应当作出证据不足、指控的犯罪不能成立的无罪判决。

《中华人民共和国民事诉讼法》

第一百三十七条 人民法院审理民事案件,除涉及国家秘密、个人隐私或者法律另有规定的以外,应当公开进行。

离婚案件,涉及商业秘密的案件,当事人申请不公开审理的,可以不公开审理。

第一百五十九条　公众可以查阅发生法律效力的判决书、裁定书，但涉及国家秘密、商业秘密和个人隐私的内容除外。

《关于经济犯罪案件追诉标准的规定》

六十五、侵犯商业秘密案（刑法第二百一十九条）

侵犯商业秘密，涉嫌下列情形之一的，应予追诉：

1. 给商业秘密权利人造成直接经济损失数额在五十万元以上的；

2. 致使权利人破产或者造成其他严重后果的。

《中华人民共和国刑法修正案（十一）》

二十二、将刑法第二百一十九条修改为："有下列侵犯商业秘密行为之一，情节严重的，处三年以下有期徒刑，并处或者单处罚金；情节特别严重的，处三年以上十年以下有期徒刑，并处罚金：

"（一）以盗窃、贿赂、欺诈、胁迫、电子侵入或者其他不正当手段获取权利人的商业秘密的；

"（二）披露、使用或者允许他人使用以前项手段获取的权利人的商业秘密的；

"（三）违反保密义务或者违反权利人有关保守商业秘密的要求，披露、使用或者允许他人使用其所掌握的商业秘密的。

"明知前款所列行为，获取、披露、使用或者允许他人使用该商业秘密的，以侵犯商业秘密论。

"本条所称权利人，是指商业秘密的所有人和经商业秘密所有人许可的商业秘密使用人。"

二十三、在刑法第二百一十九条后增加一条，作为第二百一十九条之一："为境外的机构、组织、人员窃取、刺探、收买、非法提供商业秘密的，处五年以下有期徒刑，并处或者单处罚金；情节严重的，处五年以上有期徒刑，并处罚金。"

《最高人民法院关于审理侵犯商业秘密民事案件适用法律若干问题的规定》

第三条　权利人请求保护的信息在被诉侵权行为发生时不为所属领域的相关人员普遍知悉和容易获得的，人民法院应当认定为反不正当竞争法第九条第四款所称的不为公众所知悉。

第四条　具有下列情形之一的，人民法院可以认定有关信息为公众所知悉：

（一）该信息在所属领域属于一般常识或者行业惯例的；

（二）该信息仅涉及产品的尺寸、结构、材料、部件的简单组合等内容，所属领域的相关人员通过观察上市产品即可直接获得的；

（三）该信息已经在公开出版物或者其他媒体上公开披露的；

（四）该信息已通过公开的报告会、展览等方式公开的；

（五）所属领域的相关人员从其他公开渠道可以获得该信息的。

将为公众所知悉的信息进行整理、改进、加工后形成的新信息，符合本规定第三条规定的，应当认定该新信息不为公众所知悉。

第十三条　被诉侵权信息与商业秘密不存在实质性区别的，人民法院可以认定被诉侵权信息与商业秘密构成反不正当竞争法第三十二条第二款所称的实质上相同。

人民法院认定是否构成前款所称的实质上相同，可以考虑下列因素：

（一）被诉侵权信息与商业秘密的异同程度；

（二）所属领域的相关人员在被诉侵权行为发生时是否容易想到被诉侵权信息与商业秘密的区别；

（三）被诉侵权信息与商业秘密的用途、使用方式、目的、效果等是否具有实质性差异；

（四）公有领域中与商业秘密相关信息的情况；

（五）需要考虑的其他因素。